企业供应链社会责任的决策基础
——基于决策理论的实证研究

贾行之◎著

北京大学出版社
PEKING UNIVERSITY PRESS

图书在版编目（CIP）数据

企业供应链社会责任的决策基础：基于决策理论的实证研究 / 贾行之著. —— 北京：北京大学出版社，2025.3. —— ISBN 978-7-301-36065-1

Ⅰ. F279.23

中国国家版本馆CIP数据核字第2025RQ8735号

书　　　名	企业供应链社会责任的决策基础——基于决策理论的实证研究	
	QIYE GONGYINGLIAN SHEHUI ZEREN DE JUECE JICHU	
	——JIYU JUECE LILUN DE SHIZHENG YANJIU	
著作责任者	贾行之　著	
策划编辑	赵天思	
责任编辑	赵天思	
标准书号	ISBN 978-7-301-36065-1	
出版发行	北京大学出版社	
地　　　址	北京市海淀区成府路 205 号　100871	
网　　　址	http://www.pup.cn　新浪微博：@北京大学出版社	
电子邮箱	编辑部：pup6@pup.cn　总编室：zpup@pup.cn	
电　　　话	邮购部 010-62752015　发行部 010-62750672　编辑部 010-62750667	
印刷者	三河市北燕印装有限公司	
经销者	新华书店	
	787 毫米 x 1092 毫米　16 开本　11.5 印张　235 千字	
	2025 年 3 月第 1 版　2025 年 3 月第 1 次印刷	
定　　　价	69.00 元	

目录

第 1 章

引言

1.1　研究背景

如何实现高质量发展是当下我国企业需重点关注的问题。习近平总书记在 2020 年召开的企业家座谈会上深刻指出："任何企业存在于社会之中，都是社会的企业。社会是企业家施展才华的舞台。只有真诚回报社会、切实履行社会责任的企业家，才能真正得到社会认可，才是符合时代要求的企业家。"因此，习近平总书记强调："企业既有经济责任、法律责任，也有社会责任、道德责任。"我国经济已由高速增长阶段转向高质量发展阶段，正处在转变发展方式、优化经济结构、转换增长动力的攻关期。同时，进一步促进共同富裕，是党向第二个百年奋斗目标迈进的新征程上的中心工作之一。如何鼓励企业切实履行社会责任——积极改善劳动条件、提高劳动者报酬、增加环保投入、加大慈善公益捐赠等，是当前急需解答的问题。

综上所述，我国企业迫切需要在实现高质量发展的背景下解决与"ESG"相关的问题，即承担环境（environmental）、社会（social）、治理（governance）方面的社会责任。鼓励企业承担社会责任，发挥其主观能动性，对实现我国企业高质量发展有重大意义。提升企业社会责任（corporate social responsibility）也是近年来国内外学术研究的热点。现有的研究普遍认为，企业社会责任具有很强的主观性和自愿性。这是由于承担社会责任往往并不能给企业直接带来短期经济效益。相反，与承担社会责任相关的行为往往会给企业带来大量的短期成本和结果的不确定性。因此，企业提升社会责任表现需要借助多方因素（如产业环境、法律法规、市场监督、竞争压力等）的促进作用。

供应链对企业行为有显著的塑造作用。与之相对，企业在供应链中承担的角色越关键，其对其他供应链成员行为的影响也越深刻。在此背景下，供应链企业社会责任（supply chain corporate social responsibility）日益受到企业界和学术界的关注。我国"十四五"规划特别强调发挥优质企业的重要作用，培养一批具有产业生态主导力的"链主"企业。"链主"企业指在一个供应链网络中占据主导地位的企业，对供应链中的资源配置和其他成员企业的行为往往具有较强的影响力。因此，"链主"企业在积极履行自身企业社会责任的同时，还应当在供应链中发挥带头引领作用，最终促进全供应链社会责任表现的提高。

大量例证说明，企业的社会责任表现往往受到其供应链的影响。供应链中某个企业如果出现社会责任问题，其后果往往会通过供应链关系传播，最终波及供应链中的其他成员，尤其是在供应链网络中占据主导地位的企业。例如，2015 年，优衣库公司被指责其供应商工人的工作条件恶劣，公司的声誉受到极大负面影响。与之相似，曾经苹果公司的供应商富士康和联建科技相继出现员工跳楼事件和中毒事件，苹果公司因此被媒体冠以"毒苹果"的称号，市值受到重大影响。随着供应链协作的重要性日渐突出，当下企业间的竞争正快速转变为供应链间的全局竞争。因此，越来越多的企业开始主动寻求提升供应链社会责任的相关表现，以期最终提高企业整体社会责任表现水平。例如，京东集团于 2017 年联合发起"青流计划"，与供应链上下游伙伴合作，利用多种举措，在包装、存储、运输等多个环节实现低碳环保和节能降耗。总之，由于社会责任在供应链中具有传导性，"链主"企业需要主动寻求对供应链伙伴施加影响，提升其供应链的社会责任表现（Hartmann et al.，2014）。

1.2　供应链社会责任的决策基础

尽管大量企业开始将提升供应链社会责任表现作为整体社会责任目标的一部分，但这种由企业主动发起的对供应链社会责任表现的提升，效果并不明确。现有研究认为，由于企业难以在组织内或组织间直接建立提升社会责任表现的契约关系，企业需要更多寻求利用多种手段引领提升供应链社会责任表现（Grimm et al.，2014）。当前研究主要关注企业提升供应链社会责任表现的具体手段，包括制定行为准则、设立监督机制、制定奖惩制度等。但是，这些手段在实践中的有效性并不明确（Jiang，2009；Huq et al.，

2016；Porteous et al.，2015）。因此，如何促成供应链中的企业有效提升自身和其他供应链伙伴的社会责任表现，现有研究不能提供充分结论。

企业要引领提升供应链社会责任表现，可能需要具备多个维度的促成因素，而过往研究较少关注供应链管理者（决策者）在其中的重要作用。尽管企业往往将履行社会责任作为主要目标之一，但很多企业并没有在供应链实践中推行社会责任相关举措的主观意愿，而仅仅是为了满足相关法律法规以及来自市场、消费者的要求。研究发现，企业的一线员工、管理者对企业关于社会责任的目标往往缺乏认同，在日常决策中缺乏履行企业社会责任的主动性（Bhattacharya et al.，2017）。因此，企业提升供应链社会责任表现的效果不明显，可能是由于其员工和管理者在决策中缺乏提升供应链社会责任表现的主观意愿，无法持续一贯地履行企业社会责任相关职责。

纵观文献，现有中外研究对个体决策者在提升供应链社会责任表现中扮演的角色研究不足。但是，企业在组织层面的有关社会责任的决策，归根到底取决于个体决策者（如企业领导者、各部门管理者，乃至具体执行层面的员工）对于履行社会责任的主观意愿。社会责任涉及的各方面考量，如对消费者的责任、对自然环境的责任、对股东等利益相关者的责任等，在具体实践中常常是自发的、模糊的（Dahlsrud，2008）。因此，企业社会责任决策，最终在个体决策层面应当归结于个体决策者主观的道德决策（de Paula et al.，2000）。现有研究并没有对道德决策作为企业供应链社会责任的微观基础这一角色予以足够关注。因此，本研究拟回答的总体问题是：为促成企业有效提升供应链社会责任表现，需要如何考虑其内部决策过程的影响，即如何使企业内部个体决策者在道德决策中有提升供应链社会责任表现的主观意愿，并且在长期决策中能一以贯之地执行。

1.3 本研究概述

研究企业如何促使个体决策者长期一贯地注重提升企业供应链社会责任表现，首先需要明确供应链社会责任在个体决策者层面的理论基础。Goebel 等（2018）认为企业供应链决策中涉及的社会责任问题可以被概括为实现短期经济效益这一目标和其造成的环境、社会影响的结果之间的冲突。因此，社会责任相关的问题在个体决策者层面最终应被视为道德决策（ethical decision-making）问题（Ha-Brookshire，2017）。道德决策是研究企业社会责任表现的重要理论视角。因此，本研究通过道德决策这一理论视角研究供应链社会责任这一日渐重要的问题。

本研究希望能够全面描述个体决策者面临引发道德考量的企业供应链决策时的行为特征。除了检验特定性格/情境因素对道德决策过程的影响，本研究还提出了两个理论框架来审视道德决策过程，借此丰富现有供应链社会责任相关文献。具体而言，本研究正式概念化并探索了供应链社会责任情境中道德决策涉及的两个维度，即幅度维度和时间（纵向）维度。

本研究整体上希望解答供应链道德决策研究中的两个中心问题：

（1）个体决策者如何确定其供应链不道德行为的幅度？

（2）随着时间推移，个体决策者在供应链道德决策中行为如何变化？

如此，道德决策过程的幅度维度和时间维度可作为新的理论视角，用于进一步探索企业如何提升供应链社会责任表现。

1.3.1 第一部分

本研究的第一部分（第 3 章）系统考察了企业供应链社会责任情境中道德决策过程的幅度维度。该部分力求解答个体决策者如何确定其供应链不道德行为幅度这个一般性问题。

该部分提出一个理论框架，将不道德行为的幅度概念化为一个范围（spectrum）。不道德行为的幅度同时受到两种相反作用力的影响，即维持道德自我形象的作用力和最大化利益的作用力。个体决策者有动机做出符合道德规范的行为，以维持其作为一个符合道德规范的人的自我形象。但当不道德行为会带来特定利益时，个体决策者也会被诱导着参与不道德行为。两种作用力在决策过程中均比较突出时，个体决策者可能会在两种作用力之间达成平衡，使不道德行为（以及因此获得的利益）保持在一定的程度，而与此同时无须从负面影响自己作为一个符合道德规范的人的自我形象。

该部分进一步提出，不道德行为的幅度超出临界值后，可能会引起个体决策者对自我形象的重新评价。在该情况下，这种重新评价前后，个体决策者在道德决策中的行为模式可能会不同。

在此框架基础上，我们开展了一项大型实验模拟现实情境。在实验情境中，供应管理总监面临坚持道德标准还是同时为组织及其个人获取经济利益的决策。结果表明，不道德行为的幅度的确受到两种相反作用力（维持道德自我形象的作用力和最大化利益的作用力）的影响。此外，在不道德行为的幅度似乎要触发个体决策者重新评价其作为符合道德规范的人的自我形象时，个体决策者会表现出不同的行为模式。实证分析显示，在决策会导致对他人的不利后果时，个体决策者往往会减小其行为的不道德幅度。但如果其他组织成员会受益于不道德决策，个体决策者可能会加大不道德行为的幅度。但这些影响可能会在个体决策者重新评价自身作为符合道德规范的人的自我形象前/后发生变化。

1.3.2　第二部分

本研究的第二部分（第4章）聚焦道德决策过程的时间维度。该部分进一步扩展了第3章对供应链社会责任情境中道德决策的研究，考察了涉及道德考量的连续决策之间的动态关系。该部分不以静态视角来考察供应链管理中的道德决策，而是引入时间维度，通过纵向研究决策来建立一个道德决策的过程模型。在既有文献的基础上，该部分提出个体决策者当前的决策受到之前决策来自两种不同方向的影响。

一方面，道德一致性理论认为个体决策者倾向于以一贯持续的方式道德或不道德地行事。在该情况下，若个体决策者在过去参与了道德/不道德行为，则其更可能在后续决策中有相似的行为。

另一方面，道德平衡理论认为个体决策者有时候会被驱向此前行为的反面。此前的行为为道德行为时，个体决策者可能会觉得有资格在之后参与不道德行为（道德许可）。如果此前行为是不道德行为，个体决策者可能会在下一次机会出现时，道德地行事，因为其觉得有义务维持一个符合道德规范的人的自我形象（道德净化）。

为了通过实证的方式研究道德决策中的这些动态行为模式，该部分进行了一项为期12周的纵向研究。该研究对在供应链社会责任情境中个体决策者的连续决策进行了考察。实证分析表明，道德决策过程的时间维度可从三个不同但相互关联的角度分析：

（1）个体决策者进行道德/不道德决策的总体倾向；

（2）个体决策者行为模式的一致性/不一致性；

（3）个体决策者在过去做出符合道德的决策后又将其转换为不道德决策的可能性。

该研究表明，企业可以将道德教育作为供应链管理的一种有效手段，在鼓励提升供应链社会责任表现的道德决策的同时，也促进个体决策者在长期实践中决策的一致性。

1.3.3　第三部分

本研究的第三部分（第5章）综合讨论了本研究的总体结果，并探讨了实证结果中浮现出的一些共通的发现。具体而言，本研究发现供应链社会责任情境中个体决策者在决策过程中可能存在两种普遍的行为模型。

其中，采用道德心态的个体决策者倾向于主要关注其秉持道德标准决策时涉及的道德考量，因此更倾向于长期一贯地做出符合道德标准的决策。

但当个体决策者采用情境心态时，其更倾向于依据做出某项不道德行为带来的潜在利益做出决策。在该情况下，他们更可能做出不道德的决策。

基于这一发现，本研究提出了一种可以促进供应链社会责任情境中道德实践的管理手段。具体来说，本研究提出了促进道德实践的三种常见管理手段（即道德监督、道德处罚和正式沟通），其有效性可能因个体决策者在供应链相关决策中所依照的行为模型的不同而有所差异。因此，企业应将资源集中到对其员工而言最恰当，因此也最有效的管理手段上，由此推动提升供应链社会责任情境中个体决策者做出道德行为的概率。

总体而言，本研究致力于细致考察供应链社会责任情境中的个体决策者在道德决策中扮演的角色。本研究根据研究问题和理论框架建立了对应的统计模型，从道德决策的幅度维度和道德决策过程动态变化的时间维度来探究重要的道德决策模式，以及个体差异和管理手段在决策过程中的作用。本研究不局限于描述性研究方法，提出了可帮助企业促进供应链社会责任情境中个体决策者道德实践的管理手段。

第 2 章

相关文献综述

2.1　供应链社会责任研究

2.1.1　供应链社会责任的界定

供应链社会责任研究一般聚焦于供应链实践对环境、社会、员工、消费者，以及其他利益相关者的影响。而在文献中，可持续供应链（sustainable supply chain）和绿色供应链（green supply chain）与供应链社会责任意义相似，但更聚焦于供应链中有关自然环境的社会责任问题。根据 van Marrewijk（2003）的论述，企业社会责任和可持续（绿色）概念存在较多重叠，现有研究通常不对两者加以明确区分。Poist（1989）最早讨论了供应链社会责任问题，认为企业在供应链管理中需要同时考虑经济责任和社会责任。其中，社会责任可能包括员工提升、员工健康与安全、自然环境保护、社区服务等。随后，Carter 等（2002，2004）对供应链社会责任加以细分，提出了物流社会责任（logistics social responsibility）和采购社会责任（purchasing social responsibility）的概念。与之相似，Maignan 等（2002）也提出了采购中社会责任的概念。缪朝炜等（2009）提出了一个供应链社会责任的评价体系。其中，供应链社会责任包括五个维度，即供应商、客户、环境、员工和社会道义。

现有文献中对供应链社会责任的不同定义来源于社会责任这一概念的界定在文献中的不明确。Aupperle（1984）最早将社会责任定义为企业对内部和外部利益相关者负有的责任。但是，更早的时候，Votaw（1972）认为社会责任这个概念有多种解读方式。社会责任可以被视作法律责任、道德责任、慈善举动或者社会服务，甚至可以被理解为合法性（legitimacy）的同义词。因此，Aupperle 认为，对社会责任的定义取决于解读者的文化背景和价值观。Gjølberg（2009）进一步认为，社会责任与企业本体论的思考相关，对其定义的争论在根本上来源于"企业责任应当是自愿的还是强制的"这一争论，以及"企业与市场和社会的边界如何界定"这一争论。事实上，Dahlsrud（2008）通过整理文献，发现现有文献中对社会责任的定义有 37 种。

Spence 等（2009）提出了对供应链社会责任的完整定义：供应链社会责任指供应链全面考虑各种事项而非狭隘地聚焦于经济、技术和法律要求，以同时满足供应链中每个成员的经济利益和整个社会（与环境）的利益。这个定义强调，供应链中所有企业应在战略层面协调经济、社会及环境三方面的责任。由于各利益相关者对企业供应链活动有直接影响，企业在供应链管理中应全面考虑各方利益相关者的利益和诉求。此外，企业承担供应链社会责任最终应有助于实现供应链中企业业绩的提升（唐谷文等，2019）。本研究并不旨在对供应链社会责任进行重新定义，而更关注供应链"链主"企业提升供应链社会责任表现的促成因素。因此，本研究沿用 Spence 等提出的定义。

2.1.2 供应链社会责任表现的影响因素

供应链社会责任表现的影响因素是现有文献中一个正在发展的重要研究领域。现有研究分别从企业外部环境对供应链社会责任表现的影响，以及企业内部环境对供应链社会责任管理的具体手段两方面进行研究。

从企业内部环境来看，提升供应链社会责任环境具有自愿性和主观性。而许多提升供应链社会责任表现的举措都会产生极高成本。因此，财务资源限制是阻碍企业提升供应链社会责任表现的主要限制性因素（Grimm et al.，2014）。此外，供应链整合能力和创新能力对于供应链社会责任表现有重要影响（Huq et al.，2016，Zhu et al.，2019）。Huq 等发现，如果客户企业采用第三方审计而非内部审计或联合审计，供应商就可能只履行象征性的社会责任，因此，供应链社会责任表现会降低。另外，高层管理者对履行社会责任的支持，以及客户企业的领导模式（交易型领导或变革型领导），对供应链社会责任表现也有重要影响（Dou et al.，2018）。

从企业外部环境来看，Huq 等认为利益相关者对企业的压力可以促使供应链成员履行社会责任。Jiang（2009）发现由客户企业发起的治理机制往往不能促使供应商提升社会责任表现。相反，由同行业企业发起的治理机制对供应商提升社会责任表现有促进作用。更重要的是，供应链伙伴之间的文化差异、制度差异和地理距离会使供应链社会责任管理更为困难。Silvestre（2015）发现，供应链社会责任表现受到包括当地基础设施、环境不确定性和相关制度的影响。

现有文献中一部分研究着眼于企业如何提升供应链中其他企业的社会责任表现。

一方面，一些现有文献就交易性机制（transactional mechanism）对供应商社会责任表现的影响进行了探讨。其中，供应商行为准则（codes of conduct）的效用被广泛研究。Jiang（2009）发现，推行供应商行为准则能够减少供应商的机会主义行为。但是，这种手段的效果可能缺乏可持续性。Huq 等发现行为准则的效果不明显，因为供应商与客户企业间的距离和制度环境差异使得客户企业对供应商的监督和审核缺乏及时性。与之类似，Jiang 认为审计和监督机制并不能保证供应商可以遵循行为准则。

另一方面，一些现有文献研究了监视机制和奖惩制度在提升供应商社会责任表现中的作用。这一部分的研究认为，企业不履行社会责任可以被视作机会主义行为的一种（Alghababsheh et al.，2020）。因此，监视机制和奖惩制度应该可以有效杜绝供应商不履行社会责任的行为。但是，研究发现监视机制和奖惩制度的效果可能并不显著。Pagell 等（2010）认为客户企业对供应商社会责任的规范机制分为评价性（assessment-based）和合作性（collaborative），而监视机制和奖惩制度属于前者。Boyd 等（2007）认为高强度的监督并不一定能提升供应商社会责任表现。相反，这种监督可能会降低供应商的合作意愿。

现有文献中还有一部分研究利用博弈论和合同理论的方法寻找客户企业激励供应商提升社会责任表现的有效机制（王夏阳等，2014）。最早的一些研究聚焦于闭环供应链（closed-loop supply chain）中的企业决策。闭环供应链主要研究制造商在售出产品后如何将其有效回收，并通过翻新等手段再次出售。闭环供应链考虑了对售出产品的再次利用，因此对环境和社会有一定价值。尽管这些研究与供应链社会责任有相关性，但是现有文献并没有直接将检验供应商社会责任表现作为研究目标。

近年来，另一些研究直接将供应商社会责任表现作为研究的焦点。例如，Raj 等（2018）和 Letizia 等（2016）研究了几种合同模式下供应商履行社会责任的表现。Karaer 等（2017）发现成本分摊这种合作机制在竞争环境中对提升供应商社会责任表现的影响较弱。Guo 等（2020）进一步考虑了在存在客户企业竞争的情况下，供应商社会责任相对于竞争程度和定价的变化。马鹏等（2018）重点研究了供应商定价带来的社会责任影响。Huang 等（2022）研究了一个三层供应链结构，发现客户企业在一些情况下应该越过一级供应商而直接与二级供应商合作，以提升其社会责任表现。Lu 等（2022）和 Chen 等（2020）研究了客户企业如何利用审计机制提升供应商社会责任表现。Zhan 等（2018）则检验了不同融资机制对供应商社会责任表现的影响。Agrawal 等（2019）发现客户企业不同的采购策略对供应商的社会责任表现也存在影响。田一辉等（2016）研究了政府价格补贴所扮演的角色。尽管这些研究侧重点不同，但从现有文献中可以得知，在供应链关系中，所有成员的利益相互契合，是供应链社会责任表现得以实质性提高的关键因素（姚锋敏等，2022）。

尽管对交易性机制的研究较多，但现有文献发现交易性机制对供应商社会责任表现的影响可能有限（Porteous et al.，2015）。与之相对的是，近年来的研究更多开始考虑供应链社会责任管理中的合作性机制，即通过与供应商密切合作的方式提升其社会责任表现（Klassen et al.，2012）。合作性机制包括供应商提升项目、信息交换机制、关系专属投资、联合产品开发等。González-Rodríguez 等（2016）通过案例研究，发现与第三方机构（如非政府组织）达成合作，可能可以有效提高供应链社会责任表现。此外，Wilhelm 等（2016）发现，客户企业想要激励二级供应商提升社会责任表现，则必须首先对一级供应商提供相应的激励。Alghababsheh 等（2020）认为，合作性机制可能比传统的交易性机制在提升供应链社会责任表现中更为有效。与供应商密切合作可以有效提升供应商可持续发展的意愿和履行社会责任的表现（Zhu et al.，2004）。

总体来看，现有文献中对供应链社会责任的研究日渐丰富。早期文献着重分析供应链社会责任的定义和界定。随后，一些研究开始聚焦影响供应链社会责任表现的外部环境因素，以及客户企业如何利用某些供应链管理机制影响供应商社会责任行为。但是，企业能否从内部有效提升供应链社会责任表现，在文献中并不明确。具体来说，已有研究主要关注供应链社会责任管理中组织间层面的各项影响因素和管理手段，并发现这些管理手段效果不明显，甚至在一些情况下会造成供应商的抵制、机会主义行为等负面后果（Porteous et al.，2015；Boyd et al.，2007）。因此，企业如何在组织内层面，尤其是个体决策者层面有效提升供应链社会责任表现，是现有研究还未解决的问题。供应链社会责任相关的问题在个体决策者层面最终应被视为道德决策（ethical decision-making）问题（Ha-Brookshire，2017）。因此，本研究基于道德决策这一理论视角，创新性地从决策层面系统探究供应链社会责任。

2.2 供应链社会责任中的道德决策

2.2.1 道德决策与供应链管理

近年来，商业实践中的商业伦理道德问题获得了大量关注。不道德行为产生的背后有多重原因，但最终可归因于组织内的个体行为。例如，伯纳德·麦道夫策划了臭名昭著的庞氏骗局，这是美国历史上最大的金融欺诈案之一，金额高达648亿美元。但当组织成员一起串通舞弊时，组织也可能会成为系统性不道德行为的受害者。例如，曾为美国第二大电信公司的世通（WorldCom）因前首席执行官伯纳德·埃贝斯及公司多位高管涉及的巨大会计丑闻而轰然倒塌。

企业舞弊通常会给受影响的组织带来破坏性后果。依据国际注册舞弊审查师协会（ACFE）的报告，一家典型的组织平均每年会因舞弊等道德问题损失总收入的5%，据此推算，全球范围内年度总舞弊损失预计可高达3.7万亿美元。商业伦理道德问题会严重影响企业的财务稳定性，因为平均每例舞弊案件通常会导致100万美元以上的财务损失。而更大规模的丑闻事件可能会给企业带来灾难性的后果。包括安然（Enron）和世通在内的很多巨型企业最终在爆发企业丑闻后因监管机构、投资者与消费者的惩罚而破产。

此外，企业不道德行为的影响范围有时会超越企业本身。例如，股东通常会因企业丑闻带来的企业估值的大幅下降遭受巨大损失。2017年，全球最大的网约车服务公司之一优步（Uber）面临职场文化和性骚扰方面的严重指控，优步前首席执行官因此引咎辞职，市场预期其企业股价会大幅下跌（Smith，2017）。供应链的业务合作伙伴也可能会受到企业不道德行为的溢出效应的影响，因为消费者可能并不会区分供应链上的成员（Hartmann et al.，2014）。例如，如果一家违规企业在监管机构等利益相关者的影响下停止活动，该企业的供应商也会遭受灾难性的后果。在有些情况中，企业的不道德行为会影响整个社会。例如，《世界新闻报》的记者窃听名流和犯罪受害者等人的电话，导致名流及犯罪受害者个人信息严重泄露。为获取施工许可，建造新店面和扩展业务，沃尔玛墨西哥公司高管层曾长期在当地进行大范围贿赂活动，牵涉到很多政府官员，成为一大丑闻。

因此，企业必须认识到道德决策在其日常运营与供应链管理中的重要性。在供应链社会责任的背景下，道德考量尤为重要。整体而言，企业管理者通常对于供应链实践中的道德 / 不道德行为有一致的界定（Carter，2000）。这表明在企业与供应链合作伙伴交流沟通时，各方通常具有普遍认同的道德考量。Dobler 等（2002）发现，企业采购部门的个体行为很重要，因为这会影响供应商与其他组织对企业的看法。供应链关系中个体的不道德行为会导致供应链合作伙伴之间丧失信任（Hill et al.，2009）。鉴于采购部门通常是组织内的成本中心，其产生的成本通常占据组织收入的一大部分，其涉及的经济利益通常会诱发不道德行为。

2.2.2 现有供应链社会责任中的道德决策研究

现有文献中对供应链管理中的伦理道德问题研究较少。在供应链管理情境下，社会责任这个概念更多指代企业行为，而伦理道德问题研究聚焦个体决策者在供应链管理中遇到的挑战。但是，伦理道德问题最终在供应链社会责任研究中扮演重要角色，因为供应链管理中个体决策者的个人行为最终会被转化为组织行为，从而影响企业层面的社会责任行为和绩效（Karjalainen et al.，2009）。现有研究并未提出对供应链管理中的伦理道德问题的准确界定，但是，Carter（2000）发现供应链个体决策者在实践中一般对伦理道德问题有比较一致的共识。因此，他认为一个决策是否符合伦理道德规范，以及在供应链管理情境中是否符合企业社会责任考量，并不存在显著歧义。

因此，已有的供应链管理文献并不聚焦于讨论供应链管理中的伦理道德的概念和定义，而更多关注其在供应链实践中的意义和扮演的角色。早期研究主要注重识别供应链管理中伦理道德问题的主要表现形式，以及供应链管理中违反伦理道德造成的后果。其中，Carter 发现违反伦理道德可能造成供应商满意度下降，并最终对供应商绩效产生负面影响。与之相似，Kaynak 等（2012）发现违反伦理道德可能损害客户满意度。Hill 等发现违反伦理道德还可能造成供应链伙伴间的不信任，从而损害供应链关系。Hartmann 等（2014）发现违反伦理道德造成的负面影响可能在供应链关系中传导。消费者在做出购买决策时同样会考虑企业出现的伦理道德问题（Bregman et al.，2015）。

总体来说，已有文献对伦理道德问题在供应链管理中扮演的角色的研究较少。更重要的是，现有研究极少考虑供应链个体决策者的道德决策行为对企业供应链社会责任表现的影响（Kim et al.，2018）。Karjalainen 等认为企业的社会责任表现最终取决于个体决策者对其中涉及的伦理道德问题的考量。现有文献对个体决策者行为在供应链管理中的作用研究不足（Pournader et al.，2022）。Polman 等（2016）发现个体决策者常常缺乏对企业社会责任相关举措的认同。因此，供应链个体决策者的真正行为可能与其所在企业的社会责任方针有极大偏差（Pagell et al.，2009）。从个体决策者层面出发，研究道德决策在供应链社会责任中扮演的角色，可以对现有文献做出重要补充。与之相应，现有文献中对如何鼓励供应链个体决策者做出符合伦理道德决策的研究很少。

一些研究考虑了供应链特征的作用。例如，Saini（2010）认为权力结构和供应链伙伴间的不信任可能影响供应链个体决策者的道德决策；Hawkins 等（2011）通过比较营利组织和非营利组织中个体决策者行为的不同，发现营利组织中的供应链个体决策者更容易针对供应商违反伦理道德的行为做出干涉。

其他因素对供应链管理中道德决策的影响还不明确。

2.2.3　现有文献的不足之处

供应链管理领域，尤其是供应链社会责任领域鲜有专门从决策行为角度研究道德问题的文献。有关供应链管理中道德问题的现有研究一般将重点放在常见道德问题的识别和不道德行为的后果上（Carter，2000；Hill et al.，2009）。几乎还未有研究从行为的角度来考察供应链管理中的道德决策。从学术研究的角度看，须谨慎对待供应链管理中的道德决策问题，因为它本质上会同时引发个体及组织层面的各种负面后果。此外，与供应链相关的道德 / 不道德行为通常会对个体决策者自身组织及其供应链合作伙伴等多方造成后果。道德决策与道德心理学密切相关，一般被视为个体层面的决策过程。因此，心理学文献中的很多研究均将重点放在个体特征、道德身份、认知道德发展、道德哲学、同理心和道德情感等个体差异的作用上（Moore et al.，2012）。

这些个体层面的因素虽然很重要，但无法完全解释组织背景下的个体道德决策。另有一些文献说明个体道德决策在较大程度上受到其所在组织环境的影响。个体与组织因素之间的相互作用形成了一个复杂的机制，在一定程度上会影响道德决策的整体结果。研究已发现诸多情境因素会影响组织成员的道德决策。例如，组织内的道德领导（Brown et al.，2006）、道德氛围（Pierce et al.，2008）、行为准则（Weaver et al.，1999）和道德基础设施（Rottig et al.，2011）会影响员工的道德行为。道德决策中可能发挥重要作用的其他情境因素还包括不道德行为的幅度（Singhapakdi et al.，1996）、组织目标取向（Schweitzer et al.，2004）和问题的表述框定（Bateman et al.，2002）。

对组织背景下道德决策的现有研究大多将重点放在仅涉及个人利益的情境下（Kish-Gephart et al.，2010）。的确，通常情况下，个体决策者可能会不道德地行事来换取个人利益。例如，美国国际商会（American International Chamber of Commerce）报告称每年与员工盗窃相关的成本估计达到 400 亿美元。举一个极端例子，美国泰科（Tyco）公司前首席执行官与前首席财务官从公司谋取私利超过 1.5 亿美元。总体而言，现有文献的整体假设是组织内个体决策者不道德行为的唯一动机是获得个人利益。因此，仅有少量研究着眼于不道德行为涉及个体决策者所效力组织利益的情况（Thau et al.，2015）。

组织成员所表现出来的很多不道德行为可能事实上也让组织受益。例如，报道称，纽约市警察局的警探曾诬陷无辜人士，从而帮助警察局同事达成更高的毒品相关犯罪的缉捕率，由此提高整个警局的绩效，并争取更多财政拨款。近年发生的大众汽车事件也揭示了组织内的多名个体决策者会勾结在一起参与舞弊行为——大众汽车被指控安装软件来调整检测时的氮氧化物排放量，以提升柴油发动机的排放检测结果。在这些案例中，如果从道德决策的角度看，个体决策者的行为可能会有所不同，因为其不道德行为的结果是组织整体受益，而非仅仅谋得个人回报。目前仅有有限的研究关注同时存在个体和组织利益时的道德行为的模式差异（Umphress et al.，2010；Wiltermuth，2011）。此外，对于供应链个体决策者在其不道德决策可同时使组织及作为个体的自身受益时会如何表现，现有研究了解很少。

供应链管理中的道德决策可以被视为一个同时涉及个人和组织利益的情境。供应链个体决策者的不道德行为有时会受到为组织获取利益这一目标的驱动。

例如，2013 年孟加拉国建筑倒塌的事件，与西方国家的一些大型时装服饰企业有关（Jacobs et al.，2017）。这些企业被指控未承担社会责任，未能考虑其位于孟加拉国的供应商员工的安全状况。为了降低采购成本，这些企业反而采用了激进的定价策略，缩短供应商的生产期限。

与之相似，美国证券交易委员会（securities and exchange commission，SEC）的一项内部调查显示，一名苹果公司的销售员说服 SEC 的员工从特定供应商采购数据储存解决方案，而不再考察其他选择。在该过程中，主管采购业务的 SEC 员工还不当地与供应商共享了预算信息。

在这些情境中，一项决策很可能同时牵涉个体和组织的利益。一方面，组织可能会从这种至少短期内可降低成本并带来其他利益的行为中获益。另一方面，个体决策者也会因组织内常见的各种激励机制而受益。在这样的情境中，员工有为组织谋取利益的动因，因为相关行为很可能会在之后以各种奖励的形式给个人带来回报。在现有文献中，道德决策仅涉及个体利益的情况已经得到充分研究。与之相比，对于个体决策者在涉及同时给个体和组织带来利益的道德决策时会如何表现，目前研究尚不完全清楚。

总体而言，仅有少数的文献专门考察了供应链管理背景下的道德决策。现有研究主要集中在心理学领域，一般采用行为实验。但这些实验并未考虑商业决策中涉及的情境因素。如上文所述，供应链管理背景下的道德决策可能会有所不同，因为其同时要兼顾个体和组织动因（即个人利益与组织业绩）。在道德决策中，当潜在不道德行为可能会同时给个体和组织带来利益时，个体决策者在道德考虑下会如何表现？现有研究对此所知甚少。

本研究希望通过系统探究供应链管理背景下的道德决策，在一定程度上弥补现有文献中的这一空白。本研究各部分对供应链管理中的很多道德相关决策同时会引发个体和组织利益变化这一情境进行了分析。正如前文所述，企业履行社会责任的行为，最终在本质上取决于个体层面的道德决策。因此，本书旨在通过探究个体决策者在供应链管理背景下道德决策的基础方式，研究企业如何有效提升供应链社会责任表现。

第 3 章

供应链社会责任决策的
有界性与复杂性

3.1 引言

近年来，商业实践中的道德问题获得了大量关注。依据 ACFE 的报告，一家典型组织每年可能因员工舞弊损失其年收入的 5%。以此测算，全球每年的预计舞弊损失总额可能高达 3.7 万亿美元。由于每例舞弊案件通常会导致 100 万美元以上的财务损失，所以道德舞弊会严重影响企业的财务稳定性。而更大规模的丑闻事件可能会给企业带来更加灾难性的后果。安然和世通等巨头企业最终在爆发企业丑闻后因监管机构、投资者与消费者施予的严重压力而破产。

在对供应链社会责任表现的考量中，对伦理道德的相关考量尤为重要。实际上，依据 ACFE 的报告，据估计，企业内约有 30% 的不道德行为与供应链业务有关。整体而言，企业对供应链实践中的道德 / 不道德行为的界定有广泛共识（Carter，2000）。在与供应链合作伙伴互动往来时持续遵循道德规范已成为供应链中关联企业的当务之急，因为供应链中的关联企业可能会受到与不道德行为相关的溢出效应的影响。此外，消费者可能不会区分供应链中的成员个体的行为，而将供应链作为一个整体进行评价。因此，整个供应链都可能会因为道德丑闻遭受严重的损失（Hartmann et al.，2014）。

本章研究关注采购管理中的道德决策这一供应链管理中的关键活动。依据 Dobler 等（2002）的观点，企业的采购决策极其重要，因为采购决策起到组织间沟通的作用，是一种企业与供应商和其他组织互动往来的方式。个体决策者在采购中的行为可能会直接决定一个企业在采购活动中的社会责任表现（例如，是否在采购中公平对待供应商，是否对供应商的社会责任相关行为做出考核等）。鉴于采购部门一般是企业内的主要成本中心，且通常在日常经营中花费大部分企业收入所得，其涉及的经济利益通常会诱发不道德行为。因此，采购管理中不道德行为的经济、社会和法律后果可能会很严重（Carter，2000）。由于不道德行为可大致归因于企业内的个体决策行为（Treviño，1986），本部分研究将个体决策者作为分析对象，并从行为角度探讨供应链管理中的道德决策。

随着越来越多企业鼓励组织成员在供应链管理中遵循道德规范，了解道德/不道德行为背后的潜在机制是亟需解决的理论问题。现有文献侧重于解答个体在何种情况下，出于何种原因做出道德或不道德的决策的问题。研究表明，有诸多不同因素会影响组织背景下的这一决策。例如，研究已证明不道德行为的幅度（Singhapakdi et al.，1996）、组织内的道德氛围（Pierce et al.，2008）以及组织目标取向（Schweitzer et al.，2004）等众多情境因素会影响个体决策者的不道德行为。另外，一些研究也发现，通过建设正式的"道德基础设施"（Rottig et al.，2011）和鼓励组织公民行为（Organizational citizenship behavior，OCB）等管理手段可对道德决策产生重大影响（Brown et al.，2006）。

在有关道德决策的研究文献中，同等重要但被忽视的一个问题是，个体决策者为何以及如何选择仅仅在一定程度上不道德地行事？换言之，在个体决策者决定不道德地行事后，如何决定其不道德行为的幅度？

现有研究通常将重点放在解释什么情形下个体决策者会选择道德或不道德地行事，将模型中的结果（因）变量视为一个二元变量。因此，现有研究中一个常见的隐含简化性假设是：不道德决策的幅度或后果是相同的。例如，无论行为不道德的个体决策者获利100美元还是10万美元，均被视为一种不道德行为，一般不再区分哪些变量可解释不道德行为的幅度或后果。鲜有研究从理论上来考察不道德决策幅度或后果的影响因素。但 Mazar 等（2008）的研究认为，个体决策者在不道德地行事时，不一定会追求最极端的不道德决策以换取该决策可能谋取的最大利益。相反，个体决策者通常仅在一定程度上不道德地行事，以维持一个正面、道德的自我形象，由此继续视自己为符合道德规范的人。马扎（Mazar）等人的研究表明，不道德行为的幅度存在异质性。而现有文献还未从理论角度或实证性地对此进行研究。

从实践的角度看，不道德行为幅度的异质性在包括供应链管理在内的各种场景中有重要现实意义。例如，OECD 的报告称，1999 年至 2014 年期间，17 个国家所报告的跨境贿赂案件中有一半以上发生在公共采购合同中。但贿赂的货币价值范围上下相差甚大，小到 13 美元，大到令人吃惊的 14 亿美元不等。贿赂金额一般小于事件所涉公共采购交易总价值的 5%。但在约 15% 的案件中，贿赂金额超过交易总价值的 25%。在供应链管理中，由于所购商品数量多、采购交易所涉货币价值高，不道德行为幅度的升高会导致更加严重的后果（Carter，2000）。从这个意义上来说，个体层面的不道德行为会因为个体决策者代表企业参与该行为而导致更严重的后果。因此，了解个体所追求的不道德行为幅度如何确定，以及供应链情境中常见的各种因素如何影响道德决策过程，同时具有理论和实践意义。

虽然道德强度（moral intensity）是道德领域非常成熟的一个构念，但作为不道德行为幅度的解释变量，仍存在限制其有效性的多重概念挑战。道德强度可解释为不道德行为导致的相关利益（或伤害）的大小（Jones，1991）。本章在 3.2.2 节中指出，基于道德强度概念的理论框架可能会受到多重限制，因此可能在解释不道德行为幅度的实用性上存在不足。

首先，道德强度在现有文献中被视为既定行为的一种外部特征（是一种情境因素）。因此，依赖道德强度解释不道德行为的幅度可能会有问题，因为此时不再能够将道德强度视为道德决策过程以外的情境因素。

其次，道德强度被理解为一个描述不道德行为潜在后果／影响的单向构念。因此，基于道德强度的框架无法解释个体决策者选择仅在一定程度上不道德地行事，进而未最大化／最小化对应道德强度的情况。

最后，基于道德强度的理论框架无法解释个体决策者因决策的实质意义（由所考虑不道德行为的幅度所决定）不同，而表现出多种不同行为模式的情况。

针对现有文献中存在的局限性，本章在 3.2.3 节提出一个有关不道德行为幅度的理论框架。该理论框架假设，不道德行为的幅度同时受到两种相反作用力的影响，即维持道德自我形象的作用力和最大化利益的作用力。该理论框架还能够囊括决策过程中的多种行为模式，每种行为模式对应具有类似实质意义的特定决策。具体来说，在不道德行为幅度的变化未引发个体决策者重新评价其作为符合道德规范的人的自我形象时，个体决策者会遵循相同的行为模式。从该理论框架可得出三个观点。

第一，决策过程中可观察到不道德行为幅度的多种行为模式。

第二，决策过程中能够观察到完整的不道德行为幅度。例如，个体决策者可选择仅在中等程度上不道德地行事，由此既不绝对地最大化，也不绝对地最小化不道德行为的幅度。

第三，不道德行为的幅度同时受到两种相反作用力的驱动，即维持道德自我形象的作用力和最大化利益的作用力。

本章在 3.4.3 节实证检验了上述观点，以探究所提出的理论框架解释个体决策者在决策过程中如何确定不道德行为幅度的有效性。

构建理论框架后，本章在 3.2.4 节证明该理论框架可作为一个有用的工具来考察道德决策过程中不同性格或情境因素如何影响不道德行为的幅度。具体而言，特定因素对不道德行为幅度的影响可概念化为一种维持道德自我形象的作用力或一种最大化利益的作用力。此外，既定因素的有效性可能会因决策的实质意义不同而不同。为证明该理论框架的解释效力，本研究还考察了另外两个因素的影响，即不道德行为（不良）后果的预期严重程度和有关谁会从不道德行为受益的激励机制（个体还是组织）。本研究提出假设，个体在不道德行为的后果更严重时，会倾向于降低不道德行为的幅度；而在组织将共享不道德行为的获益时，个体会倾向于增加该幅度。但如将在 3.4.4 节中所讨论的，这些假设的影响在决策过程中会如何随所考虑决策的实质意义的不同而变化，需要进一步的实证检验。

为实证检验所提出的理论框架，我们开展了一项行为学实验，实验要求参与者做出引发道德考量的供应链管理决策。这种基于情境的实验设计模拟了现实供应链决策场景，以此考察商业场景中的个体决策者行为模式。实验进行了专门的设计以便观察不道德行为的不同幅度。为支持实证分析，本研究还建立了专门的统计模型，在结构上体现理论框架中所明确的决策特征。

实证分析证明，个体决策者的确在行为模式上表现出较大的异质性。如现有文献所预测，实验观察到了既定道德情境中的两种决策（道德行为和不道德行为）。更为重要的是，实验所报告的不道德行为幅度本身也具有异质性。

结果显示，不道德行为幅度及相应经济后果存在巨大差异。

结果还表明，在不道德行为的幅度可能导致个体决策者重新评价其作为符合道德规范的人的自我概念时，个体决策者会表现出不同的行为模式。个体特征和情境因素会对道德决策产生显著影响，但仅针对特定类型的决策。例如，性别等特定因素可能仅会在考虑道德还是不道德地行事时影响个体决策者的决策。但同是这些因素，在个体决策者已经决定不道德地行事的情况下，可能不会影响或无法解释个体决策者选择特定不道德行为幅度的决策。

实证结果为供应链管理者提供了重要的提示。具体而言，完全预防／规避不道德行为和降低不道德行为的幅度有时需要截然不同的管理方法，需要不同的应对机制。

本章最后考察了两个重要的情境因素对不道德行为幅度的影响。结果表明，在决策会导致对他人的不利后果时，个体决策者往往会降低其所参与的不道德行为的幅度。但如果个体决策者的不道德行为不仅仅使其自身受益，还会令其他组织成员受益，则不道德行为的幅度往往会升高。

本章其余内容的结构安排如下。3.2 节将介绍不道德行为幅度的描述方式及其理论背景的框架。3.3 节将描述实验设计。而后，3.4 节将进行实证分析。3.5 节讨论了补充分析。3.6 节则详细探讨了本章的主要理论和实践意义。3.7 节为本章小结。

3.2　不道德行为幅度的理论化

3.2.1　道德强度与不道德行为的幅度

本章研究旨在从不道德行为幅度的角度考察个体决策者的道德决策行为。

有关道德决策的现有研究大多致力于识别决策机制以及个体和环境因素如何影响该过程。大多数该类文献可按 Rest（1986）提出的模型进行总结。在他提出的这个颇具影响力的模型中，引发道德考量的个体决策可概念化为一个四阶段的过程。该模型主张个体决策者需先认识到决策引发了道德考量（道德意识）；而后个体决策者判断当前问题（道德判断）；并在之后形成做出特定决策的意图（道德意图）；最后，个体决策者在一定程度上根据前一阶段形成的意图采取行动（道德行为）。

后续的研究通常明确或隐含性地以该四阶段模型为基础（Craft，2013；Lehnert et al.，2015）。虽然雷斯特（Rest）的模型已有相当长的历史（可追溯至 1986 年），但现有文献仍一直致力于识别影响各阶段的种种因素。依据莱纳特（Lehnert）等人的综述，学者研究了不同决策阶段的各种个体和组织因素。例如，道德敏感度、认知道德发展水平、性别和教育水平可解释个体识别情境中道德行为的能力；年龄、认知道德发展水平、性别、朋辈和个人价值观是道德判断的重要解释因素；文化价值观、情绪和性格可能是道德意图形成的重要决定因素。参与实际的行动时，个体可能会受到年龄、文化价值观、性别、性格等因素的影响。文献中已识别了可能会在决策过程的多个阶段施加影响的多个因素。

虽然已有大量研究工作探讨道德决策，但目前仍鲜有研究明确提出可解释个体决策者的决策过程中不道德行为幅度的因素。换言之，是什么因素决定了个体决策者参与不道德行为的程度？相关的一系列研究表明道德强度的概念在个体决策者决策过程的模型建立中非常重要。琼斯（Jones）于 1991 年在其开创性的论文中提出，研究者应在研究道德决策时将道德问题本身的特征纳入考虑。未将当前问题的特征视为独立变量的模型会自然地隐含一个重要假设，即对于引发道德或伦理考量的所有问题，个体决策者的决策过程都是相同的。因此，如果认为个体决策者会因为所考虑问题的特征不同而有不同的行为表现，则必须建立一个依据问题而定的道德决策模型。

为在研究个体决策过程时考虑道德相关问题的具体特征，琼斯在 1991 年提出了道德强度的概念，其体现了"某一情境中问题相关道德重要性（moral imperative）的程度"（Jones，1991）。道德强度通过六个维度来描述道德相关问题的特征，即后果严重性、社会共识、某一行为影响的概率、时间即时性、接近性和影响的集中度。简而言之，道德强度根据时间、接近度和（积极或消极）影响的持续程度来衡量特定行为的影响（Lehnert et al.，2015）。

在这些维度中，后果严重性定义为"相关道德行为对受害人（或受益人）造成的伤害（或带来的利益）的总和"（Jones，1991）。

社会共识被定义为有关特定行为是邪恶 / 善良的社会共识程度。

某一行为影响的概率包括该行为实际发生的概率及其带来伤害 / 利益的概率。

时间即时性维度衡量从行为开始到个体决策者感受到特定行动的后果经历的时长。

接近性维度描述了个体决策者与行动受害人 / 受益人之间的接近性（社会、文化、心理或物理上的）感受。

影响的集中度反映了受预期后果影响的人员数量。

这六个维度共同从道德考量的角度描述了个体决策者所面临的特定问题的性质。很多研究已表明道德强度对个体决策者的道德决策有巨大影响。文献中的结果一致表明，道德强度与参与不道德行为的可能性之间存在负相关关系（Kish–Gephart et al.，2010）。实际上，已有研究发现道德强度是前文所述的雷斯特模型所有四个阶段的强预测因子（Frey，2000）。

初步看来，不道德行为的幅度似乎就是道德强度的后果严重性维度，只不过叫法不同。按照定义，后果严重性维度衡量了某一特定行动对受害人（或受益人）造成的伤害程度（或带来的利益大小）。在多数情况中，后果严重性随个体决策者不道德行为强度的升高而增加，因为这通常会对受害人造成更多伤害和 / 或给受益人带来更多利益。因此，对不道德行为幅度进行概念界定的一种直观方法就是关注道德强度（特别是其中的后果严重性维度）。

不同个体决策者所表现出的不道德行为幅度的异质性，可归因于情境道德强度所产生"道德不适"（moral distress）程度的不同。依据琼斯的定义，道德强度是指问题本身的特征，而非个体对问题的感知水平。相同水平的道德强度可能会导致个体不同的感知水平。而且，在不同情况下，在不同时间，个体对道德强度水平的感知水平也可能存在差异（Singhapakdi et al.，1999）。从概念上说，道德不适描述了道德决策对个体决策者的实际影响水平。因此，在既定情境中，某一决策中隐含的道德强度会引发决策者的道德不适。道德强度一般随不道德行为幅度的增加而升高。因此，一般而言，个体会在特定道德决策涉及的道德强度更高时，体验到更高水平的道德不适（Frey，2000）。

图 3.1 所示的不道德行为幅度模型表明，不道德行为的幅度同时随相关道德决策的道德强度水平，以及对应个体决策者在决策过程中所体验到的道德不适水平的变化而变化。依据该模型，在个体决策者选择道德地行事时，其体验到的道德不适水平非常低（甚至为 0），因为该情况下道德强度极低。当个体决策者选择仅略微不道德时，道德强度小幅升高。个体决策者在该情况下所体验到的道德不适水平也相对较低。但道德强度会随着不道德行为幅度的增加而持续升高，导致个体决策者在极为不道德地行事时体验到较高的道德不适水平。如此，模型表明，在因道德强度导致的道德不适水平变高后，个体决策者极为不道德（相对于稍微不道德）地行事的可能性会降低。该预测与很多现有研究相一致，现有研究表明道德强度与不道德行为呈负相关关系（Valentine et al.，2011）。

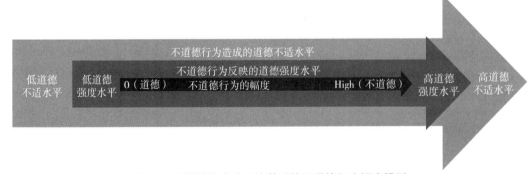

图 3.1　以道德强度为理论基础的不道德行为幅度模型

上述模型可视为概念化个体决策者的道德决策过程的一个简易框架，确切地说，其针对的是确定个体决策者自身不道德行为幅度的道德决策过程。该模型反映的情况是，不道德行为的幅度整体上对应道德决策所隐含的道德强度以及个体决策者因此体验到的道德不适水平。

基于道德强度的理论研究（Jones，1991），该模型做出如下预测：为避免体验到较高的道德不适水平，个体决策者参与极为不道德行为的可能性会更低。从这个角度讲，道德强度是研究道德决策幅度方面的恰当理论基础。但是，通过更仔细地审视该框架可发现，现有的道德强度研究存在多处不足，有待进一步解决。

3.2.2　现有框架的局限性

图 3.1 所示的框架以道德强度为理论基础，在解释确定不道德行为幅度的道德决策过程时主要存在三处不足。

第一，该框架遵循一个强假设，即个体决策者决策中所涉及的道德强度是先前既定的，且不会在考虑不同的不道德行为幅度时发生变化。

第二，该框架不对道德决策中涉及的正反面进行区分，仅关注道德强度，并不考虑其他可能会影响不道德行为幅度的作用力（如预期的经济回报）。

第三，该框架隐含性地假设，在个体决策者不道德行为的幅度变化时，个体决策者遵循相同的行为模式。换言之，这样的框架假设个体决策者会以相同的方式评估自身的决策，而不论其决策是无关紧要还是非常重要。

忽视这些局限性可能会导致在理论性构建不道德行为幅度驱动因素与后果时出现重大缺陷。

1. 不道德行为的幅度与道德强度的关系

以道德强度为理论基础的不道德行为幅度模型的第一个重大缺陷是——现有理论无法解释个体为何会选择参与某一特定幅度的不道德行为（并因此体验某一特定水平的道德不适）。

如此前讨论，本研究的主要目标是建立一个框架，以期能够在理论上和实证中反映个体决策者在供应链社会责任情境中所参与不道德行为幅度的道德决策过程。要实现这一研究目标，必须从概念上将不道德行为的幅度视为这一决策过程的结果。但是，现有研究中，道德强度在本质上被概念化为解释与特定行为相关的道德重要性的一个外部情境因素。如此一来，它反映了引发道德考量的既定行动的特征（Kish-Gephart et al.，2010）。

虽然上述差异看似细微，但是这一概念化差异可能会严重限制道德强度理论在解释如何确定不道德行为幅度时的有效性。道德强度的核心概念是既定行动的性质会影响个体决策者的道德决策过程。在相应的实证研究中，通常会给予研究对象一个道德决策情境，其中的道德强度水平根据研究设计进行设定。因此，某一决策的道德强度在模型和分析中被视为一个"外部独立变量"（Curtis，2006）。此类文献中的共有主题是考察道德强度对一些重要概念的影响。例如，Lysonski 等（2008）研究了道德强度与个体决策者对后果的害怕程度之间的关系。Steenhaut 等（2006）的研究则表明道德强度与内疚感存在关联。还有研究显示道德强度与个体决策者的感知风险相关（de Matos et al.，2007）。

如此将道德强度视为道德决策的特征，并因此将其作为模型中的情境因素，就意味着在做出决策时，特定行动的道德强度是先前既定的。但在研究如何确定不道德行为的幅度时，我们需要将幅度概念化为决策过程的结果。因此，由道德决策产生的道德强度不能被视为既定，因为它会随着不道德行为的幅度变化。换言之，在个体决策者选择特定不道德行为幅度时，道德强度会被内生地确定。

例如，假设一个有关供应链中制造工厂建设的决策情境，个体决策者面临两个选择：
（1）建造一个成本高但环保的工厂；
（2）建造一个成本不高但长期而言会导致附近居民患病的工厂。

在此例中，我们可基于做出特定选择后的后果确定该决策的道德强度。与选择（1）关联的道德强度会相当低，而与选择（2）关联的道德强度会相当高。

如图 3.2（a）所示，道德强度通常被视为道德决策的一个既定特征。它可能会与其他影响因素一起影响道德决策的结果。图 3.2（b）描述了考虑不道德行为幅度的情况。

此外，道德决策的道德强度还会影响道德决策过程。但当个体决策者考虑其不道德行为的幅度时，道德决策所涉及的对应道德强度水平（及因此产生的道德不适水平）很可能也会相应变化。例如，食品杂货店的员工可能会考虑从收银台偷钱。该道德决策所涉及的道德强度水平反映了该员工从道德角度如何考虑该问题以及如何影响其决策。但在员工考虑偷多少钱时，偷窃 5 美元还是 200 美元所隐含的道德强度水平差异很大。我们可以自然地假设偷窃 5 美元时所涉及的道德强度水平要低于偷窃 200 美元时所涉及的道德强度水平。

（a）　　　　　　　　　　　　　　　（b）

图 3.2　道德强度和不道德行为的幅度

因此，依赖道德强度来概念化不道德行为幅度的理论模型可能存有缺陷。若假设不道德行为的幅度不影响对应的道德强度，图3.1所示模型则可充分适用——不道德行为的幅度由情境的道德强度水平（特别是后果严重性）驱动。个体决策者将根据其选择引发的道德强度水平以及其将体验到的对应道德不适水平以特定方式（幅度）行事。然而，这一理论框架会在引入不道德行为幅度与其所隐含的对应道德强度之间的相互作用后变得非常复杂。道德强度在个体决策者的决策过程中并非既定的，也未单向决定不道德行为的幅度。相反，个体决策者可能会在考虑不道德行为幅度时不断地评估其所引发的道德强度水平。

2. 不道德行为幅度的两种作用力

以道德强度为理论基础的不道德行为幅度模型的第二个重大缺陷在于——它未明确地从道德决策的正反两面（即不道德行为导致的利益与伤害）解释不道德行为的后果。因此，道德强度无法从不道德行为幅度的角度来描述个体决策者道德决策的整个范围。Jones（1991）的定义的确允许将后果严重性解释为对受害人的伤害或受益人的获益。但现有理论框架并未明确区分参与不道德行为的正反面（即受益人的获益和对受害人的伤害）。在研究不道德行为的幅度时，这样的简化方法会再次引起理论推理的复杂化。考虑个体决策者确定不道德行为幅度的情境。将道德强度更多地解释为将施加给受害人的伤害时，模型的预测结果是个体决策者应选择参与不那么不道德的行为。将道德强度更多地解释为受益人（个体决策者）的获益时，模型的预测结果是个体决策者会参与更大幅度的不道德行为。

不对道德决策中涉及的正反面进行区分，而仅关注道德强度，将其作为唯一驱动因素的模型只能产生有关不道德行为幅度的单向预测。换句话说，这样的模型会预测个体将仅在以下两种决策之间做选择。

① 最小幅度的"不道德行为"决策（即对受害人的伤害最小）；

② 最大幅度的"不道德行为"决策（即受益人获益最多）。

但实际上，个体决策者并不总是选择最大化或最小化道德决策所隐含道德强度以及相应的不道德行为幅度。他们通常会选择不道德地行事，但仅仅在一定程度上"不道德"（Mazar et al.，2008）。因此，相对于将道德强度视为不道德行为幅度的唯一驱动因素，更为完整的理论模型应考虑有两种相互独立的作用力共同确定不道德行为的幅度。这两种作用力均会影响不道德行为的幅度（以相反的方式）。第一种作用力使个体决策者更为不道德地行事以实现更大利益。第二种作用力促使个体决策者降低行为的不道德幅度，以降低行为引起的伤害。在预测不道德行为的幅度时，应同时考虑道德决策所涉及的正反面。

3. 不道德行为幅度的不连续性

现有框架的第三个重大缺陷在于——它通常导致研究不道德行为幅度的实验变量过于简化。出现这种过分简化的情况是因为框架并未考虑——在个体决策者选择以不同幅度不道德地行事时，个体决策者不道德决策的实质意义可能会彻底改变。因此，现有框架无法恰当地考察个体决策者因其不道德行为幅度的不同而表现出不同行为模式的情况。

现有实验研究一般以两种方法操纵实验中不道德决策的结果。

很多研究将结果概念化，处理为二元变量（Wang et al., 2017; Mann et al., 2014）。换言之，个体仅可能道德地或不道德地行事。

其他研究则把结果处理为普通的连续变量（Effron et al., 2015; Welsh et al., 2015）。例如，实验研究中衡量道德的一种典型方法是让研究对象自陈其正确完成任务的数量。因为所承诺的奖励与数量成正比，所以研究对象存在夸大正确完成任务的数量的动机。

这两种方法的一个重大缺陷在于——在比较不同结果的影响时存在多个强假设。

一方面，在将结果视为二元变量的情况下，研究者仅能区分道德行为与不道德行为，无法将个体选择道德或不道德行事的幅度考虑在内。

另一方面，将结果处理为连续变量，即假设各不道德行为的增量单位对应相同的增量影响时，在有些情境中（尤其是供应链管理等组织情境中）可能会造成过分简化的情况。考虑一个假设的情境：个人根据其不道德行事的幅度会获取 0 到 100 的经济利益。在该情况中，结果为 0 表明个人选择完全道德地行事；结果为 100 表示个人选择尽可能不道德地行事。虽然这种连续的指标直观且便于执行，对于在范围内的任何数字，所赋予的心理权重是相等的，但人们可能会指出，从道德行为转换为不道德行为的心理意义与个体选择扩大其不道德行为幅度的心理意义是不同的。换言之，相比从分数 10 切换到分数 11，从分数 0 切换到分数 1 代表的心理意义更为重要。从分数 0 切换到分数 1 具有更为重要的心理意义，因为它表明个体决策者从完全道德地行事转换到不道德地行事（哪怕仅仅是略微不道德）。个体决策者选择道德地行事，可能表明推动决策向范围中道德一侧的作用力非常强大，以至于将决策拉向不道德一侧的作用力无法产生效果。在该情况中，可获得潜在利益的边际增加量不足以驱动个体决策者改变自身行为，即从道德地行事转为不道德地行事。但选择略微不道德地行事，表明个体决策者已经可以承受为获取特定利益产生的一定心理成本。只要个体决策者无须重新评估自身的道德自我形象，追求更多利益这一行为（即从分数 10 切换到分数 11）仍是可接受的。从这个意义上说，从分数 0 变为分数 1，所需的不道德行为的潜在刺激或利益要远高于从分数 10 变为分数 11 的情况。

综合考虑，诱使个体决策者从道德地行事转变为不道德地行事（即从分数 0 变为分数 1）的潜在机制，可能与确定其他水平的不道德行为幅度的机制不同。很多现有研究的确分开探讨了这两个问题。例如，有关（道德）自我调节失败的文献通常关注道德行为与不道德行为之间的切换点（Baumeister et al., 1996）。这些文献认为个体决策者通过自我调节维持一致的行为模式。但自我调节的过程需要认知资源，因此可能会失败，从而使有些不道德行为和其带来的利益变得更好忍受。如前文所述，不道德行为的幅度可概念化为两种相反作用力相互影响的结果。不同实质意义决策背后的机制变化可能会导致不道德行为幅度中出现不连续的"突然跳跃"。换言之，分数 1 的不道德行为不能够简单地视为分数 0 的升级，因为它们之间存在本质上的差异。但分数 3 到分数 4 或分数 10 到分数 11 之间的升级并无实质区别，因为在两个无实质性区别的决策之间无上述的"突然跳跃"，在比较无实质性区别的决策结果时，可将不道德行为的幅度视为连续的。

从实践的角度看，衡量不道德行为幅度更恰当的指标既不应为二元变量，也不应为连续变量。相反，应当把不道德行为的幅度概念化为不连续与连续变量的组合。连续变量反映了不道德行为幅度渐进、无实质性差异的变化。但为表征不道德行为幅度变化导致实质含义不同的新类型决策的情况，必须加入不连续变量。

需要指出的是，特定情景中可能会出现多个决策的"突然跳跃"点，因为随着不道德行为幅度持续增加，这些决策的性质出现了变化。举一个相关的例子——从工作场所盗窃的个体决策者，根据所涉及的财产价值，可能会被指控盗窃轻罪或盗窃重罪。这个例子中隐含了实质含义明显不同的三种决策：

① 个体决策者选择不盗窃（不道德行为幅度为 0）时，其决策的实质意义为"道德的"；

② 个体决策者选择盗窃低于一定限额的小额金钱（如 500 美元）时，其决策定义为不道德，构成盗窃轻罪；

③ 在不道德行为的幅度超出限额后，决策的实质意义再次发生变化，表明个体的行为不道德且构成盗窃重罪。

总结来说，认为不道德行为幅度由道德强度驱动的模型，可能无法全面描述理论和实践中遇到的诸多实证现象。从理论上预测个体决策者不道德行为的幅度时，研究者可能会简单认为不道德行为的幅度将受决策引发的潜在道德强度驱动。但如何确定某一道德强度水平仍然不明确，因为决策过程同时包含正反面（获益与伤害）。实际上，道德强度水平本身可能无法在选择幅度之前确定，因为它本质上在选择特定幅度后才确立。因此，当不道德行为的幅度意味着不同实质意义的决策时，个体决策者可能会经历完全不同的决策过程。现有的框架并未整合个体决策者行为模式中的这一根本性变化。

3.2.3 不道德行为幅度的有界复杂框架

如上文所述，道德强度在现有研究中是一个较为坚实的理论基础，这个得到充分研究的构念与不道德行为的幅度密切相关。但现有研究依赖道德强度来解释道德决策过程中不道德行为幅度的确定，在理论上仍存在局限性。

本章旨在建立更为精细的理论框架来解释实际企业供应链社会责任情境中所观察到的不道德行为幅度的巨大异质性。图 3.3 中所描述的理论框架并未聚焦道德强度，没有将其当作可解释为伤害或获益的单向构念；相反，本理论框架提出，个体决策者不道德行为的幅度受到两种相反作用力的驱动，即维持道德自我形象的作用力和最大化利益的作用力。这两种作用力一起影响了个体决策者所选择参与的不道德行为的特定幅度。与特定幅度相关的道德强度因此在决策过程中（即内生性地）被确定，而非外部既定。

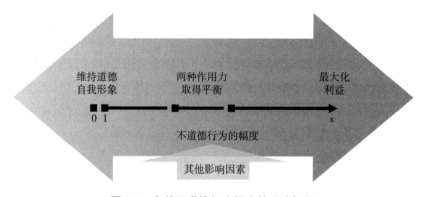

图 3.3　有关不道德行为幅度的理论框架

如图 3.3 所示，x 轴代表了不道德行为的幅度，在行为符合道德规范时，值等于 0。在另一端，在利益最大化的情况下，不道德行为的幅度在范围的右侧最大化。该理论框架假设，在决定不道德行为的幅度时，个体决策者往往从道德位置开始，逐渐探索引发更高不道德行为幅度的决策。该假设与现有研究中人们往往会遵守道德准则并道德地行事的文献相符。

图 3.3 中 x 轴所映射的不道德行为幅度，应以 3.2.2 节所讨论的方式，反映不道德决策实质意义的变化。值得注意的是，x 轴被特定"断点"分为数段。如此一来，该理论框架考虑到了个体决策者会因其不道德行为幅度不同而表现出不同行为模式的现实情况。因此，所观察到的不道德行为幅度包含在个体决策者相应行为模式的边界内。

图 3.3 中，在特定分段内，个体决策者遵循相同的行为模式，因为决策之间无实质性差异。因此，可将它们视为同一决策过程的结果。但断点附近的不道德行为幅度升级不应被视为一个渐进过程。在该情况下，当幅度超出特定界限值（由断点表示）时，不道德决策的实质意义会发生改变。因此，在这些断点两侧所观察到的不道德行为幅度不应被视为同一行为模式的结果。该理论框架提出，对于观察到的不道德行为幅度，如果其代表了实质意义不同的决策，则可能是不同行为模式的结果。换言之，如果所观察到的不道德行为幅度表示不同的实质意义，应对其进行分组，并分开处理。

如之前在 3.2.2 节中所讨论的，仅依赖道德强度无法恰当地描述确定不道德行为幅度的机制。图 3.3 所描述的理论框架将所观察到的不道德行为幅度概念化为两种相反作用力相互作用的结果。其允许在决策过程中内生性地确定道德强度。该模型能够更好解释完全最小化不道德行为幅度（最小化对受害人的伤害）或完全最大化不道德行为幅度（最大化受益人的获益）以外的情形。也就是说，该理论框架还可以解释不道德行为幅度既非 0，也非最大值的情形。如此，图 3.3 中的理论框架整合了道德决策中所考虑道德 / 不道德行为的整个范围。

现有研究中可以看到解释不道德行为幅度的不同观点。

一方面，更为传统的观点认为，个体决策者会在评估引发道德考量的行为时进行经济分析。在该过程中，个体决策者对不道德行为的预期外部收益与外部成本进行权衡取舍（Allingham et al.，1972）。决策结果是总效用的最大化。例如，犯罪分子在考虑是否抢劫某个加油站小店时，会比较进行抢劫的预期获利金额与被警方抓获的概率及惩罚力度（Mazar et al.，2008）。总体而言，不道德行为的潜在收益会促使不道德行为的幅度偏向图 3.3 中 x 轴的右侧。

另一方面，纯粹的经济成本 – 收益模型不足以解释每一个道德决策。如前文所述，道德强度和引发的道德不适与不道德行为的幅度有相关关系。除了经济方面的考量，内在价值体系也会调节个体决策者的行为，主要是通过引发针对道德行为的心理奖励以及针对道德违背的道德不适或负罪感来发挥作用。依据马扎（Mazar）等人的看法，个体决策者致力于维持有关自身道德水平的积极自我形象。由于不道德行为会引发不利于维持该积极自我形象的心理成本，这一考量成为一种反作用力或制衡驱动力，将不道德行为的幅度驱动向道德一侧。个体决策者行为的不道德幅度向不道德一侧趋近时，心理成本会累积，最终达到个体决策者不得不负面性更新自我形象的临界值。为避免这样的情形，个体决策者可能会寻求在获取经济收益与维持道德自我形象之间达成妥协，使不道德行为幅度保持在中等水平。如此，个体决策者既能获取特定奖励，又无须重新评价道德自我形象。

上文描述的两种观点在理论化不道德行为幅度时具有相关意义。有人可能会指出，道德行为的经济成本 – 收益模型看起来过于简单，因为它仅关注外部收益 / 成本，而忽视了行事道德 / 不道德的内部成本和奖励考量。但该模型仍能有效地解释未引发内部成本 / 奖励考量的情形。现有研究的确表明个体决策者并不会一直引发道德考量。相反，存在一个道德脱离（moral disengagement）机制，使个体决策者在心理上忽略其道德行为的后果。在该情况下，个体决策者不会受到心理惩罚，因为道德脱离机制抑制了本会阻止个体决策者违反道德价值观的自我调节机制发挥作用（Shu et al., 2011）。

在这种假定内部成本 / 奖励考量系统未被激活的情况下，个体决策者可能会倾向于仅根据经济后果来评价道德决策。在此情况下，标准的经济成本 – 收益模型足以解释道德决策。从自身不道德行为幅度的角度看，假设被抓住的风险和惩罚的严重程度不会随相应幅度的增加而增加，个体决策者可能会始终有动机追求最高幅度的不道德行为以获得最大收益。在该情况下，个体决策者可能会选择可能的最高不道德行为幅度，因为这通常与最大可获得收益相对应。

但将与道德决策相关的内部成本 / 奖励考量考虑在内时，确定不道德行为幅度的心理过程可能有所不同。如上文所述，心理成本是抑制个体决策者不道德地行事的一种额外作用力。选择进行不道德行为的心理成本可能会随不道德行为幅度的增加而增加。因此，个体决策者可能会选择仅在一定程度上不道德地行事，以保持其积极的自我形象不受影响。这样一来，个体决策者在获取收益与维持道德自我形象之间达到平衡（Mazar et al., 2008）。选择中等不道德行为幅度使个体决策者能够获得一定收益，而无须有太多的心理成本。但获取更多收益则可能负面更新个体决策者将自己视为符合道德规范的人的自我形象。

图 3.3 所示的理论框架可理解为：本质上不道德行为幅度取决于决策过程中两种相反作用力（维持道德自我形象的作用力与最大化利益的作用力）如何发挥作用。

个体决策者将在决策过程中维持道德自我形象的作用力为主导时参与道德行为。在该情况下，个体决策者的立场不受任何金额的潜在可获得收益侵蚀。

反过来，当个体决策者完全关注最大化其可从不道德行为中获取的收益时，可能根本不会引发道德考量。

在第三种情况下，两种作用力均在决策过程中非常显著，使个体决策者选择道德中间立场，结果是中等幅度的不道德行为（以及因此导致的中等金额收益）。

总体来说，不道德行为的幅度可概念化为两种相反作用力相互作用的结果，即维持道德自我形象的倾向与最大化利益的倾向。

维持道德自我形象的倾向有时候会起主导作用，使个体不参与任何不道德行为。

在另一情况下，最大化利益的倾向起主导作用，可能不会触发道德考量，因此个体决策者会仅关注最大化潜在收益。

但在其他情况下，个体决策者会寻求在两种作用力之间达成平衡，参与中等幅度的不道德行为。我们假设个体决策者很可能从行动的道德侧开始（即图 3.3 中 x 轴左侧），并从不道德行为幅度的角度评价其道德决策。可能的情况是，道德决策的实质性质随着不道德行为幅度增加而发生改变，使图 3.3 所示理论框架中的范围谱在特定"断点"出现中断。

3.2.4 影响不道德行为幅度的因素

基于图 3.3 中的理论框架，现有道德决策相关文献中已识别的因素可根据两种作用力（即维持道德自我形象的作用力与最大化利益的作用力）方便地进行分类。在考察各种性格或情境因素对道德决策过程的影响时，现有研究一般将其视为与不道德行为正相关或负相关。但这种一般性的陈述可能不足以确定这些因素如何影响不道德行为的幅度。如上文已讨论的，在考虑不道德行为的幅度时，个体决策者做出的特定决策可能会存在实质性的差异。因此，特定因素对决策过程的影响也会因决策实质意义或影响的不同而发生变化。例如，一个因素可能与个体决策者参与不道德行为（与参与道德行为相对）的可能性有正相关关系。但在个体决策者决定不道德地行事后，该因素不一定会增加不道德行为的幅度。在这些情况中，称该因素与不道德行为幅度呈正相关关系可能并不准确，因为其影响在不同实质意义的决策中各不相同——该因素会增加从道德行为转换到不道德行为的可能性；但在已决定不道德地行事而选择该不道德行为的幅度时，该因素并不会诱使个体决策者更为激进地行事。因此，在该理论框架中，特定因素的影响可更为准确地概念化为推动不道德行为的幅度偏向道德／不道德侧的力量。这些因素的影响决定了决策被驱动的方向，可能仅对特定实质意义的决策显著。

为了从理论上／实证性地将不同的因素并入该理论框架，本研究考虑了在企业供应链管理中具有特别相关意义的情境因素，即不道德行为的后果严重程度与不道德行为的激励机制。既往研究已提供一定证据，表明这些因素与不道德行为相关。因此本研究提出一些有关不道德行为幅度的可检验假设。

1.后果严重程度对不道德行为幅度的影响

既往实证证据表明，后果的严重程度往往与个体决策者认识到道德问题的可能性直接相关（Singhapakdi et al., 1996；Thong et al., 1998）。换言之，个体决策者更可能意识到与某一潜在决策相关的道德问题。Rest（1986）认为，道德意识是道德决策的第一步，个体决策者在该阶段必须认识到当前的问题涉及道德考量。从这个意义上说，道德意识是不道德行为的重要阻碍。更高严重程度的后果更可能触发个体决策者的道德考量，并劝阻个体决策者不参与不道德行为。

此外，在不道德行为会导致更为严重的后果时，由于这会触发更高水平的愧疚感，所以个体决策者参与不道德行为的可能性也会降低。长期以来，愧疚感都被认为是一种自我调节机制（Amodio et al., 2007）。本质上，愧疚感可造成个体决策者自我评价与其实际行为之间的不一致（Higgins et al., 1985）。因此，个体决策者会被诱使着纠正自身行为来调整这种不一致。在道德决策的背景中，愧疚感可作为一种心理惩罚，因其会诱发消极的情绪反应（Nelissen et al., 2009）。

反过来说，愧疚感会促进积极（并在某种程度上是道德的）行为，因为它会导致强化学习（Devine et al., 1991）、抑制违法行为和促进亲社会行为（Baumeister et al., 1994）。总体而言，与后果更严重的不道德行为相关联的愧疚感可能会作为一种心理作用力，阻碍个体决策者追求过多的经济奖励，并因此将不道德行为的幅度推向道德一侧。

总之，此前研究已表明，在自身的不道德行为会造成严重不良后果时，个体决策者在不道德行为的参与中会倾向于表现得不那么激进。在本章提出的理论框架中，不道德行为所造成后果的严重程度可能会提示个体决策者考虑其道德自我形象，使个体决策者降低其不道德行为的幅度。

假设1 后果严重程度与不道德行为幅度负相关。

2. 激励机制对不道德行为幅度的影响

激励机制也可能会影响道德决策。此前研究已将不道德行为的受益人识别为道德决策的影响因素之一。依据 Umphress et al.（2011）的研究，当不道德行为的收益在组织成员之间共享时，个体决策者可能会更容易辩解其不道德行为，因为他们在心理上将自己的行为与道德考量分开，愧疚感因此会减少。个体决策者有时候会参与可能使其组织或组织成员受益的不道德行为。该类行为的潜在理由是，个体决策者可能会代表其组织参与不道德行为，希望他们的行为得到认可并由组织在之后给予回报。对长期回报奖励的预期可能会诱使个体决策者不道德地行事（Umphress et al.，2010）。

此外，个体决策者可能会在对组织有强烈的身份认同感时，愿意参与使其组织受益的不道德行为。个体决策者可能会将其在组织内的成员身份视为自身自我概念的组成部分。换言之，个体决策者可能对其组织有强烈的归属感和成员感（Tafjel et al.，2004）。在这种情况下，个体决策者有更强的动机参与使其组织受益的行为，因为他们将组织的成功与失败内化为自身的成功与失败（Mael et al.，1995）。乌姆弗雷斯（Umphress）等人因此提出，对组织有强烈身份认同感的个体决策者更有可能参与可能会使组织受益的不道德行为。

总体上，当不道德行为的收益在组织内共享时，维持道德自我形象的作用力会被减弱。换句话说，可能的情况是，当不道德行为不仅仅使个体决策者自身受益，还使其他组织成员受益时，不道德行为的幅度会被推向范围谱的不道德一侧（Conrads et al.，2013）。如果某一不道德行为的相关收益在组织成员之间共享，个体决策者将更可能提高该不道德行为的幅度。

假设 2　共享不道德行为收益的激励机制与不道德行为幅度正相关。

本章以下内容将尝试在实证场景下应用所提出的理论框架。主要目的是证明该理论框架可通过专门的统计模型直接并入实证分析。这些统计模型还会直接检验影响决策过程的重要因素，如不道德行为的后果严重程度和针对不道德行为收益的激励机制。

3.3　实验设计

本实验采用基于情境的实验做法，模拟个体决策者被要求在进行道德考量的情况下做出企业供应链采购决策的场景。本实验设计创建了一个独立的决策问题，使个体决策者能够将注意力放在对其道德决策潜在结果的评估上。本实验分两部分进行。参与者应间隔数天完成两部分。

实验第 1 天，收集各参与者的人口统计学信息，包括国家、年龄、性别和教育程度。而后要求参与者阅读一份有关供应链管理道德行为标准的阅读材料。阅读材料陈述了针对供应链管理从业者的三大社会责任和道德行为指导原则，包括：

（1）在决策与行动中保持诚信；

（2）为雇主创造价值；

（3）忠诚于职业。

阅读材料提供了源于这些原则且涵盖一系列被视为道德/不道德行为的十项标准。在这些标准中，于供应链管理实践中泄露机密专有信息（如密封投标信息）被明确视为不道德行为。另外实验场景中所述的公司支持这些原则/标准。但本实验中并不执行这些原则/标准。然后，参与者在继续阅读剩余的实验材料前，必须先参加一个小测验，正确回答有关这些原则/标准的多个问题（参见 3.3.1 节）。该过程应确保参与者清楚了解供应链管理的道德原则/标准，并因此具备充分的知识以在实验期间做出慎重的决策。在采购过程中，泄露机密专有信息是供应链社会责任中的一大主要挑战（Giannakis et al.，2016）。

3.3.1 供应链道德行为原则与标准

1. 阅读材料

环球公司的道德考量

环球公司支持并鼓励员工遵循以下原则与标准。

原则

（1）在决策与行动中保持诚信。

（2）为雇主创造价值。

（3）忠诚于职业。

标准（实验中使用英文原文）

（1）IMPROPRIETY. Prevent the intent and appearance of unethical or compromising conduct in relationships, actions and communications.

不当行为。防止在各类工作关系中出现不道德或有损声誉的意向和行为。

（2）CONFLICT OF INTEREST. Ensure that any personal, business and other activities do not conflict with the lawful interests of your employer.

利益冲突。确保任何个人、业务或其他活动与雇主的合法利益无冲突。

（3）INFLUENCE. Avoid behaviors or actions that may negatively influence, or appear to influence, supply management decisions.

影响。避免可能会不利影响或潜在不利影响供应管理决定的行为或行动。

（4）RESPONSIBILITIES TO YOUR EMPLOYER. Uphold fiduciary and other responsibilities using reasonable care and granted authority to deliver value to your employer.

对雇主的责任。合理谨慎地利用所赋予的权力，秉持受托使命及其他责任，为雇主创造价值。

（5）SUPPLIER AND CUSTOMER RELATIONSHIPS. Promote positive supplier and customer relationships.

供应商与客户关系。促进积极的供应商与客户关系。

（6）SUSTAINABILITY AND SOCIAL RESPONSIBILITY. Champion social responsibility and sustainability practices in supply management.

可持续发展与社会责任。在供应管理中支持社会责任与可持续发展实践。

（7）CONFIDENTIAL AND PROPRIETARY INFORMATION. Protect confidential and proprietary information；such information, is not to be disclosed to other suppliers unless you have the explicit authorization from the company that furnished the information.

机密专有信息。保护机密专有信息；除非获得信息提供公司的明确批准，否则不得向其他供应商透露该信息。

Examples of information that may be considered confidential or proprietary include：

可能会被视为机密或专有信息的例子包括：

a. Price and other related elements.

价格与其他相关要素。

b. Contract terms and conditions.

合同条款与条件。

c. Sealed bids and requests for quotation（RFQ）.

密封投标与询价单（RFQ）。

d. Product and other costs.

产品或其他成本。

（8）RECIPROCITY. Avoid improper reciprocal agreements.

互惠互利。避免不当的互惠互利协议。

（9）APPLICABLE LAWS, REGULATIONS AND TRADE AGREEMENTS. Know and obey the letter and spirit of laws, regulations and trade agreements applicable to supply management.

适用的法律、法规与贸易协定。知悉并全面遵守适用于供应管理的法律、法规与贸易协定。

（10）PROFESSIONAL COMPETENCE. Develop skills, expand knowledge and conduct business that demonstrates competence and promotes the supply management profession.

职业胜任力。以职业技能培养、知识扩展、业务开展展示能力、促进供应管理专业化。

2.阅读材料的测验题目

请回答下列针对上述阅读材料的问题（正确答案已加粗标示）：

（1）Social responsibility is not a concern for the purchasing profession.（True/**False**）

对采购职业而言，社会责任并非需要关注的问题。（对 / **错**）

（2）Your personal interests can interfere with the legitimate interests of your employer.（**True**/False）

您个人的利益可能会妨碍雇主的合法利益。（**对** / 错）

（3）Bids, RFQ, and price can be freely shared with external parties（such as other suppliers）once submitted to your company.（True/**False**）

相关方提交投标价、RFQ 和价格给您所在公司后，您可以随意与外部人员 / 组织（如其他供应商）分享此类信息。（对 / **错**）

3.3.2 实验情境

实验的下一阶段是引入主要的实验情境。

参与者担任一家专门为汽车制造商生产变速器的组织的供应管理总监。该组织最近获得一份合同，要在接下来三年中每年供应 10 万个变速器。但组织需要把变速箱的生产外包给一家外部供应商。参与者被告知，供应商的选择基于密封投标过程，且主要的决定标准是单位投标价格。另外参与者还被告知，根据工程和会计估算，组织预计最低单位投标价格在 780 美元左右，但这仅是估算价格，有些供应商可能愿意提供略低的单位投标价格来获取合同。

组织向多家符合资格的供应商招标，参与者面前有三份符合资格的标书。单位投标价格分别为 1126 美元、1000 美元和 1080 美元。该情境强调，将成本降低到最低水平对组织来说非常重要，因为该组织正面临财务困难。因合同所涉数量巨大，降低采购成本可显著降低成本，并大幅改善组织盈利能力。因此，在无额外信息的情况下，最低单位投标价格（1000 美元）是最优决定。

为在情境中引入道德考量因素，实验向每位参与者提供了一封电子邮件，据称该电子邮件来自提交了第二低单位投标价格（1080 美元）的供应商。电子邮件中，供应商称其愿意进一步降低价格，因为他们非常希望能够获得外包合同（参见下文）。如果担任供应管理总监的参与者选择透露其所收到的当前最低单位投标价格，供应商会在已传达给组织的最低单位投标价格基础上再给予 4% 的折扣。随后，参与者被告知他们可选择：

（1）向供应商透露最低单位投标价格；

（2）不透露投标价格并将合同授予原出价最低的供应商（单位投标价格 1000 美元）。

实验中还特殊说明，与真实生活中一样，该供应商无任何方法确切知道其他竞争供应商针对合同的投标报价。因此，如果参与者选择透露最低单位投标价格，其可将任何合理的价格（即低于实际最低单位投标价格 1000 美元的价格）当作组织收到的最低单位投标价格报给供应商。在实验"第 1 天"部分，未要求参与者做出决定。

具体实验情境描述如下。

1. 实验情境描述

[subject's first name], you are now assuming the role of the Director of Supply Management at TransWorld.

[被试者姓名]，您现在担任环球公司的供应管理总监一职。

TransWorld specializes in manufacturing car transmissions for big players in the auto industry. Your company was recently awarded a sizable contract by a major auto manufacturer. According to the contract, your company will be responsible for supplying transmissions for an entire new line of cars. The manufacturer suggested that they would purchase approximately one hundred thousand units of transmissions per year in the next three years from your company.

环球公司专门为汽车行业的大公司生产汽车变速器。您的公司最近获得了一家大型汽车制造商的一份大合同。根据合同，您的公司将负责为整条新汽车产品线供应变速器套装。制造商表示其会在未来三年中每年向您的公司采购约 10 万套变速器套装。

Needless to say, this contract is essential for TransWorld's success in the next several years. As the Director of Supply Management, you immediately issued a RFQ to seven qualified companies that provide transmission cases, a necessary component for producing transmissions.

毫无疑问，该合同对环球公司在未来数年的成败至为关键。作为供应管理总监，您立即向七家符合资格的变速箱供应商发出了 RFQ——变速箱是生产变速器套装的必要部件。

You have done business with these suppliers in the past, so you are confident that any of the seven suppliers can do a good job in meeting your design specifications as well as other requirements. As a result, price becomes a major criterion in deciding which supplier wins the contract. Your cost accountants and engineers estimate that the lowest price on these transmission cases should be around $780, though some suppliers starving for business may be willing to offer a lower price.

此前，您与这些供应商有过业务往来，所以确信七家供应商中的任何一家都能很好地达到您公司的设计规范要求及其他要求。因此，价格成为决定哪家供应商会赢得合同的关键标准。据公司的成本会计师和工程师估算，这些变速箱的最低价格应在 780 美元左右，不过有些亟需业务的供应商可能愿意提供更低的价格。

Two weeks ago, three very competent suppliers submitted their sealed bids. In a few days, you will need to award the contract to the selected supplier so that they can start the production process in time.

两周前，有三家能力很强的供应商提交了密封标书。您需在数天内将合同授予选中的供应商，以便其能够及时启动生产过程。

The three suppliers that submitted bids along with their specific price quote are：

提交标书及具体投标价格的三家供应商为：

Case Masters：$1126

Metal Works：$1000

Tech-Inc.（泰科技术公司）：$1080

This is not a trivial decision—with the downturn of the industry, your company is facing financial challenges and the top leadership at your company has been looking for opportunities to save money in order to increase profitability. Some of your direct competitors had to downsize their labor force recently in order to stay in business. Reducing the cost of sourcing transmission cases can lead to significant total cost reduction and improved profitability.

这并非一个无足轻重的决定——随着行业衰退，您的公司正面临着财务上的挑战，公司高层已在寻求机会节约资金以提高盈利能力。公司的一些直接竞争者近期不得不裁员来维持运转。降低变速箱的采购成本可大幅降低总成本、改善盈利能力。

2. 请求告知最低单位投标价格信息的电子邮件

Dear［subject's first name］,

尊敬的［参与者姓名］，

Our team here at Tech-Inc. submitted a quote/pricing proposal in reference to your RFQ for transmission cases. Our quote was submitted within the prescribed time limit two weeks ago and we are eager to work with you to assure that you get the lowest price for the sizable number of transmission cases you are to acquire over the next three years.

针对您的公司的变速箱 RFQ，我们泰科技术公司的团队已提交了一份报价 / 价格提案。我方报价已在两周前于规定时限内提交。我们非常希望与您合作，确保您的公司在未来三年中大量采购的变速箱获得最低价格。

We believe that we priced our product very competitively at $1080 per unit but we are willing to lower the price if you received a lower quote for competing products of similar quality. We are positive we can work something out. Please let us know what the lowest price quote is per unit, and we can even price our product at 4% lower than the lowest price quote per unit. Given the volume of 100000 units per year, this can amount to significant savings for your firm.

我们相信我方 1080 美元的单位报价非常具有竞争力，但如果您的公司已收到相似质量竞争产品的更低报价，我方愿意降低价格。我们相信一定可以找出解决办法。烦请告知我方最低的单位报价，我方甚至可在最低单位报价的基础上再降价 4%。鉴于每年订单量达到 10 万个，这相当于可为您的公司大幅节省成本。

As you know, our reputation is stellar, and we always deliver quality products reliably. Our history together is long, and we are proud that you selected us as a valuable partner on several occasions.

如您所知，我方拥有卓越的声誉，一如既往地向客户交付高质量的产品。我们双方已有长期合作的历史，我们为您的公司能多次选择我们作为合作伙伴而自豪。

We are aware that you will award the contract in the next few days, so please relate to us as soon as possible the lowest price quote per unit, and we will respond shortly with a revised proposal.

我们了解您的公司将在未来数天内授予合同，所以烦请您尽快告知我方最低单位报价，我方会立即提交修订后的报价单。

Sincerely（谨启）

Ben（本）

Ben Anderson（本·安德森）

VP Sales, Tech-Inc.（销售副总裁，泰科技术公司）

Peoria, IL（皮奥里亚，伊利诺伊州）

3.3.3　实验变量

数日（一般为1周）之后，参与者返回以完成实验的"第2天"部分。延时是为确保参与者有足够的时间仔细思考手头的问题并在深思熟虑后做出决定。"第2天"开始时，应提醒参与者他们在"第1天"遇到的决策情境。接着，在参与者做出决定之前按随机分配原则引入两份额外的阅读材料（实验变量）。

第一种实验变量有关参与者决定所涉及的潜在安全考量（实验变量：安全后果）。该实验变量可以操作不道德行为后果的严重程度，预期会影响不道德行为的幅度。在第一个条件中，阅读材料称从提供额外折扣的供应商采购变速箱不会影响产品安全性。但在第二个条件中，阅读材料表明从提供额外折扣的供应商采购的话，产品的故障率将会翻倍（从万分之一变为万分之二）。

第二种实验变量有关实现成本降低的激励机制（实验变量：受益人）。实验告知参与者，其所在组织建立了一项激励机制来鼓励员工减少支出。因此，如果最终采购价格低于由供应管理副总裁设定的目标价格——每单位980美元，参与者可获得一份奖金。实验参与者还可获得一份真实的现金奖励，但金额有上限（10美元），且与目标价格与最终采购价格之间的差额成正比。参与者被随机分配到两种可能条件的其中一种：

（1）奖金将进行计算并仅支付给担任供应管理总监的参与者；

（2）奖金将进行计算并支付给整个组织，所有成员（50名员工）将平分奖金。

两种条件已进行设计，如两种条件下的供应管理总监最终奖金相同，则参与者个人将获得相同金额的奖励。换言之，条件（2）中计算得到的总奖金是条件（1）中的50倍。但条件（2）中的个人奖金为总奖金除以50，所以金额与不分享奖金的条件（1）中的个人奖金相同。这样的设计分离了激励计划本身的影响与潜在奖励大小的影响。

3.3.4　决策结果与对实验参与者激励的一致性

为向参与者提供相称的激励，奖金的金额按比例转化为真实的现金奖励。不论他们分配到哪一种条件，参与者都可在实验结束时获得最高10美元的现金奖励，在咨询三位学者和三名本地学生后，意大利和中国的最高奖励分别设为5欧元和50元人民币，以便反映大致等同的价值。附录A中表A.1总结了用于计算奖金和给予参与者现金奖励的公式。意大利和中国群体的奖励计算公式就是将公式按比例缩放的结果。对于该激励机制的详细描述，可参见附录A.1.2。

参与者可选择是否接受供应商的提议。参与者可选择根据初始的报价单将合同授予最低单位报价者，这是在道德地行事，因为其未向其他供应商分享有关单位投标价格的机密信息。相比较而言，参与者也可选择向供应商透露最低单位投标价格，甚至可以透露一个比最低单位投标价格更低的价格，然后获得 4% 的额外折扣。由于供应商无从知晓竞争对手的投标价格，参与者可选择报任何合理的价格，就如同其为组织收到的实际最低单位投标价格。实验设计允许的最低单位投标价格下限是 780 美元，这是为了反映单位采购价不可能设置得过低、不符合现实的事实情况。

在做出决策后，为了保证参与者决策过程与实验情境相符，实验要求参与者用自己的语言解释其选择（具体方式如下方框线内内容所示）。另外要求参与者评估是否有特定因素（如使组织受益或获取个人收益）是他们决策背后的动机。实验还要求参与者评估实验情境的真实度（参见附录 A.2）。真实度的平均分为 5.6568/7，表明实验设计反映了高现实性。

• I decided to take the specific action above MAINLY because...（please complete below in your own words）

我做出以上决策主要是由于……（请用自己的语言回答）

• Acting as the Director of Supply Management, you decided to take the specific action regarding Ben because...（rate from 1–"Strongly Disagree" to 7–"Strongly Agree"）

作为供应管理总监，你决定针对本采取这样的具体行动是因为……（从 1—"非常不同意"到 7—"非常同意"）

（1）of the money you would personally make（因为您所获的报酬）

（2）of the money you could save your company（因为您想帮助公司降低成本）

（3）sharing such information violates ethical standards（因为分享这些信息违反道德规范）

（4）you desire recognition for your efforts to help the company（您希望通过帮助公司获得认可）

（5）you expect that you will get more financial rewards in the future（您希望在将来获得更多经济报酬）

（6）you expect that perhaps your boss will reciprocate and offer you recognition

---

such as a promotion for your efforts（您认为您的上级会在未来以升职等形式回报您）

（7）it is unethical to share such information（泄露这信息不符合道德）

（8）you can ensure that your company does not downsize its labor force（您可以确保您的公司不裁员）

（9）the company might reciprocate in ways to reward your action（公司未来可能会对您的行为做出回报）

（10）of the degree of certainty/uncertainty of actually receiving the bonus（实际收到奖金的确定／不确定程度）

（11）you feel that you are entitled to the bonus（您认为您应当获得这些报酬）

（12）you feel that the organization deserves to save money（您认为公司理应降低成本）

（13）you feel that the more distant the payment is from today，the less probable you will actually receive the bonus（您感觉承诺的报酬越晚支付，最终支付的可能性越低）

（14）it is natural for you to protect the short-term interests of your organization（您保护公司的短期利益理所应当）

（15）everybody else in your organization would take the same action（公司其他人也会做出同样的决策）

（16）everybody around your social circle would take the same action（您周边的人也会做出同样的决策）

（17）it is natural for you to protect the long-term interests of your organization（您保护公司的长期利益理所应当）

3.4 实证分析

3.4.1 取样

实验在各国（中国、美国、意大利）的数所重点大学进行，以确保结果在不同文化背景下具有普遍性。参与者按自愿原则从商学院招募，根据 3.3 节所讨论的激励机制给予报酬。先要求参与者阅读一份描述研究程序的介绍性文件，而后请他们同意参与实验。在参与者提供电子邮件地址以及之前分配的识别码后，要求参与者完成研究的"第

"1天"部分。在参与者完成前一部分后第 4 ～ 7 天进行研究的"第 2 天"部分。有关实验的详细程序，参见 3.3 节。

本次实验共采集了 1133 个有效的观测值。约有 35.1% 的观测值采集自美国，约 36.3% 采集自意大利，还有约 28.6% 采集自中国。大部分参与者的年龄不超过 30 岁，其中有 60.7% 的参与者年龄为 20 ～ 22 岁。约有 41.1% 的参与者为男性，约 58.9% 为女性。样本中，有 984 名参与者正在攻读学士学位，有 98 名参与者正在攻读硕士学位，还有 51 名参与者正在攻读博士学位。

本研究选择学生作为参与者是出于多重考虑。首先，专业人士会担心自身的不道德行为被泄露给雇主，因此可能会有所顾虑而不愿意在研究中披露真实行为。其次，本研究中观察到的学生参与者的行为模式应该与工作的专业人士无差别。因为实验向参与者提供了所有背景信息，参与者做出的决策将完全基于道德决策的个体行为模式。最后，本研究中的激励机制用于激励学生参与者，要比激励工作的专业人士更为有效，因为小额的金钱奖励（最多 10 美元）对于收入更低的学生有更清晰的激励作用。表 3.1 总结了重要的样本人口统计学信息。

表 3.1　样本人口统计学信息

变量	类别	频数	百分比
国家	美国	398	35.1%
	意大利	411	36.3%
	中国	324	28.6%
性别	男性	466	41.1%
	女性	667	58.9%
年龄	≤20 岁	173	15.3%
	20 ～ 22 岁	688	60.7%
	22 ～ 30 岁	257	22.7%
	>30 岁	15	1.3%
教育程度	学士	984	86.8%
	硕士	98	8.6%
	博士	51	4.5%

3.4.2　主要研究变量

本研究部分的主要目的是考察个体决策者不道德行为幅度的复杂性质以及各种因素如何影响决策过程。因此，本研究的实证分析应将重点放在应用理论框架（如图 3.3 所示），而非检验特定理论概念的影响上。之所以选择本研究的两个实验变量（安全后果、受益人）及其他协变量，是因为此前研究已表明它们在道德决策中具有切实作用。因此，它们更有可能在决定不道德行为幅度的过程中发挥影响力。

尽管如此，目前几乎无理论工作专注于预测特定实验变量或协变量在哪个阶段影响个体决策者的道德决策过程，或者这样的影响在具有不同实质意义的决策之间如何变化。本研究中提出的理论框架需要对应一个专门体现不道德行为幅度及其潜在决策过程复杂性的统计模型。本研究的目的不在于从理论角度来解释这些实验变量在决策过程中如何以及何时发挥显著作用的确切问题。从这个意义上说，本研究在一定程度上属于探索性质，因为并无有关在考虑不道德行为幅度时不同因素如何影响决策过程的详细先验假设。因此，本研究所提出的模型主要用于反映本研究所提出的理论框架（图3.3）。但本研究的实证分析为探索性质，基于这样一个假设——我们假定所有实验变量和相关协变量可能在理论框架所有阶段影响决策过程。本研究以纯实证的方式测定实际的影响，因此在各统计模型部分中引入相同的一组变量。这样一来，就不同阶段的变量选择而言，结果不会因预先判断而出现先验偏差。

模型中引入了三种类型的变量：个体特征、情境因素与实验变量。我们预期这三种变量综合起来能够更为全面地描述个体决策者对不同因素的反应。

模型所考虑的个体特征包括年龄、家庭收入、性别和个人价值观。个人价值观用于反映个体决策者对其生活不同方面的重视程度。个人价值观的取向存在显著的个体差异，一般被视为特定个人的性情，与具体的情境无关。遵循 Schwartz 等（2012）的开创性工作，本研究在实验“第1天”部分开始时（引入情境之前）测量了19种个人价值观，即参与者对以下各项是否重视或重视的程度：愉悦、令人激动的生活、变化的生活、享受的生活、自我放纵、社会认可、独立、雄心勃勃、勇于冒险、选择自身目标、能干、成功、有影响力、平等、社会公正、忠诚、诚实、乐于助人以及负责任。经谨慎考虑它们定义，我们认为这些个人价值观在道德决策中具有切实作用。实验通过要求参与者评价各种个人价值观的重要性（从1—“完全不重要”到7—“极为重要”）获得这些个人价值观的测量值。

为避免在估计过程中引入高维度模型和减弱后续数值的不稳定性，我们通过一个两步骤的过程来选择将在之后引入主模型的少量变量。

第一步，利用 Principal Axis Factoring with Oblimin Rotation 方法将19种个人价值观分解整合为5种更高阶的个人价值观类型（即仁爱主义、享乐主义、普遍主义、冒险主义和成功主义），详细结果参见附表A中的表A.2。因为因子载荷（factor loading）偏低（<0.5），在迭代过程后删除了5种个人价值观（即社会认可、独立、雄心勃勃、选择自

身目标和能干）。而后从多个简化模型中选择了影响力最大的个人价值观类型，将其纳入主模型。如此，我们可用少量变量简约地体现大量不同的个人价值观。

第二步，对以下三个模型进行估计，以选择变量：

（1）普通最小二乘法（OLS）回归模型，以实际单位采购价格（即参与者的公司支付给所选中供应商的实际单位采购价格）为因变量；

（2）逻辑回归（logistic regression）模型，以二元变量（道德——不透露信息、不道德——透露信息）为因变量；

（3）多项逻辑回归（multinomial logistic regression）模型，因变量为分类变量（道德——不透露信息、不道德但诚实——透露真实的最低单位投标价格、不道德且不诚实——透露假的最低单位投标价格）。

详细的结果，参见附录 A.4。

上述模型的估计显示，仅两种个人价值观类别（仁爱主义与享乐主义）会影响本研究的道德决策。仁爱主义大致可定义为"维持和提升个人经常接触者的福利"；享乐主义定义为"个人的愉悦或感官满足"（Schwartz et al.，2012）。这些变量与年龄、家庭收入和性别一起用于体现参与者之间的个体层面异质性（Lam et al.，2005）。

此外，虽然一般认为性别属于个体层面的特征，但是现有文献已表明性别对道德决策有主效应和交互效应（Cagle et al.，2006）。因此，模型同时估计了性别的主效应和交互效应。

分析中所考虑的情境因素反映了所感知到的与不道德行为关联的潜在惩罚、组织内的道德氛围以及实验所在的国家因素。既有文献表明，个体决策者参与不道德行为的后果是个体决策者行为的强预测因子（Mencl et al.，2009）。既有研究整体上证明，在潜在惩罚更为严重时，个体不道德地行事的可能性会降低。为在估计实验变量效应时排除这一混杂因子，研究测量了所感知到的决策引发惩罚的严重程度，将其纳入模型，作为控制变量［"你担任供应管理总监，决定对本（Ben）采取特定措施，因为被抓住不诚信的惩罚严重程度几乎可忽略不计"，参与者在 1—"强烈不同意"到 7—"强烈同意"的范围内进行评级］。

在组织场景中，既往研究表明，员工的决策受到工作场所道德氛围的影响。研究利用了一个问卷项目（"我的组织有浓厚的道德氛围"，参与者在 1—"强烈不同意"到7—"强烈同意"的范围内进行评级）来解释该异质性。

两个实验变量（受益人与安全后果）为本研究的关键变量。

在不存在收益分享时，实验变量——受益人的值设为 0；在据称整个组织平均分享收益时，该变量值设为1。对该实验变量进行操控有效性检查，要求参与者回答一个问卷项目（"我要把所有可能的奖金留给自己"，按7级量表从"强烈不同意"到"强烈同意"进行评级）。参与者被分为对照组和实验组。t检验显示对照组与实验组报告的回答存在显著差异（$t=14.793$，$p<0.0001$）。对照组的参与者（无须共享收益）所报告的组平均评分（4.663）要高于实验组（3.113）。

在不道德行为会导致更低产品安全性的情况下，实验变量——安全后果的值等于1；在无有关产品安全性的后果时，该变量的值等于0。操控有效性检查也通过一个问卷项目进行（"因我所选择的供应商不同，变速器的故障率会受到影响"，按7级量表从"强烈不同意"到"强烈同意"进行评定）。从对照组与实验组采集的回答存在显著差异（$t=-22.211$，$p<0.0001$）。该项目的对照组平均评分为3.375，而实验组的平均评分要更高，为5.584。

如3.2节中已讨论的，当收益在组织内共享时，预期不道德行为的幅度会被推向不道德侧。当不道德行为存在严重后果（损害产品安全性）时，预期不道德行为的幅度会被推向道德侧。

3.4.3 实证分析

1. 所提出理论框架的实证证据

基于图3.3中的理论框架，本研究对确定个体决策者不道德行为幅度的潜在机制提出三个观点：

（1）观测到的不道德行为幅度具有分组可能性，能够按类型进行考察，因为它们的实质意义可能极为不同；

（2）应对不道德行为幅度的整个范围谱进行解释，因为个体决策者并不会一直最大化／最小化其不道德行为的幅度；

（3）不道德行为的幅度同时受到两种相反作用力的影响。

所采集的数据的确反映了理论框架（图3.3）中所描述的特征。

首先，参与者根据决策的类型以不同的方式对待其决策。本实验设计自然而然地产生了三种主要决策类型。

（1）个体决策者可选择道德地行事，即不透露投标信息（即道德的决策）。

（2）个体决策者也可以选择透露信息但告知已收到的真实最低单位投标价格（1000美元），即不道德但诚实的决策。

（3）个体可选择不仅透露信息，还告知一个低于1000美元的假的最低单位投标价格，以便获得额外的收益。在该情况中，决策不仅不道德，还是不诚实的。

实验期间，这三种类型的决策明显对参与者有不同实质意义，因为它们对其施加了不同程度的心理影响。为衡量决策对个体决策者的潜在心理影响，实验在"第1天"开始时使用了两个问卷项目，对参与者所感知的道德性进行测量［我认为自己是一个诚实的人；相比昨天，今天我对自己作为符合道德规范的人的认识（要糟得多、要好得多）］。在实验"第2天"参与者做出决策后，要求参与者再次回答相同的问题。因此，决策前/后个体决策者的回答差异可以作为衡量决策如何影响个体决策者道德方面自我概念（即决策的心理影响）的两个指标。

数据表明，决策对个体决策者的心理影响因决策类型的不同而有较大差异。具体而言，方差分析（ANOVA）显示，在不同的决策类型下，两个心理影响衡量指标差异显著（两个问题的相应检验结果均为 $p < 0.001$）。该结果证明了上文第一个观点，即观测到的不道德行为幅度具有分组可能性。

其次，参与者在不道德行为的幅度上表现出较大的异质性。1133名参与者中，约有494名选择不透露投标信息，即道德地行事（43.60%）。因此这些回答代表了"不道德行为幅度"为0的行为。选择不道德地行事、透露竞争对手投标信息的个体决策者（1133名参与者中的639名，即56.40%），所报最低单位投标价格介于780美元和1000美元之间，涵盖了所允许答案的整个范围。综合而言，所观察到的决策涵盖了可能的不道德行为幅度的整个范围谱（从幅度0到对应报最低单位投标价格780美元的所允许的最大幅度）。该结果为第二个观点提供了强有力的支持。

在我们检验第三个观点之前，我们需要先解释前两个观点，因为它们表明恰当的实证模型应不仅能整合不道德行为的幅度，还应包含决策实质意义（即类型）不同导致的不连续。因此，需采用专门的实证工具来同时考虑所有观点。

2. 常用统计模型的局限性

通过上文所述理论框架（图3.3）假设所观察到的决策结果是复杂潜在机制的结果。实证分析该理论框架可采取多种方法。一种过分简单化的实证分析策略是假设所有观测到的决策均为单种概率分布的实现。在该情况中，利用 ANOVA 或回归等线性模型框架来建立结果与解释变量之间的统计关系是一个自然的选择。例如，可以利用解释变量 x_i 和对应的系数 $\boldsymbol{\beta}$ 建立回归模型 $d_i = x_i' \boldsymbol{\beta} + e_i$。其中，$d_i$ 表示实际采购价格，但这样的方法可能存在两个缺陷。

第一个不足之处是，该简化方法可能无法充分体现理论框架以及本研究的实验设计所产生的独特数据结构。实际决策的经验分布函数（图 3.4）显示，图中有两处突然变化，有约等于整个样本 59% 的集中"质点"（point mass）。这两个质点代表决策者的"道德"组（$d_i=1000$）和"不道德但诚实"组 $[d_i=1000\times（1-4\%）=960]$。其余来自"不道德且不诚实"组（$d_i<960$）的观察结果形成图中的较顺滑增长曲线，表明潜在分布为连续的。如果假设所有观测结果由同一数据生成过程产生，则该分布的概率密度应在 960 和 1000 处有两个尖锐峰值，而在 960 以下为连续的。这样的连续分布显然是不可能的。因此，基于单一数据生成分布的分析（如回归或 ANOVA 模型所假设）可能会导致统计偏误或误导性的结果。相反，合理的假设为，数据生成过程部分为离散的，部分为连续的。上文所呈现的统计模型并入了这一思想，它实质上模拟了一种混合分布来分别体现离散和连续部分。

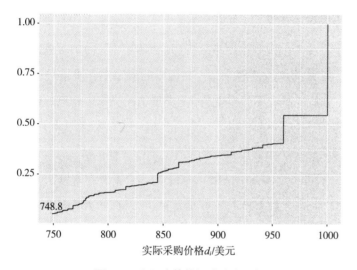

图 3.4　实际决策的经验分布函数

　　如果通过将所有观测值视为离散分布来简化分析，为使该方法可行，可将"不道德且不诚实"结果并入一组。如此，决策过程的结果仅有三种名义值，即"道德""不道德但诚实"以及"不道德且不诚实"。可使用多项逻辑回归模型来检验实验变量及协变量对个体决策者决策的影响。虽然在统计方法上比较常见，但该方法也并非理想的解决方案，因为它无法体现欺骗行为的确切幅度。因此，该简化方法无法解答在个体不道德地行事，并已决定透露最低单位投标价格的既定条件下，决策受什么因素影响的问题。"不道德且不诚实"组中包含的信息会丢失。

　　决策为单种概率分布结果的另一个不足之处是，它施加了一些有关道德决策与解释变量之间关系的强假设。这样的方法将仅允许实验变量和协变量在整个决策的范围谱内对决策过程产生一致不变的影响。换言之，其假设在解释 $d_i=1000$、$d_i=960$ 或 $d_i \in$（748.8，960）时，模型解释变量 x 对决策过程的影响是相同的。这是因为所有 d_i 服从一种分布，且在该情况中，该分布建模为 x 的函数。该模型无法解释特定变量仅在特定情况下具有显著影响或该变量对不同类型的决策影响不同的可能性。

如 3.2.3 节中所讨论的，道德地行事、不道德但诚实地行事与不道德且不诚实地行事为存在实质性差异的决策。因此，影响道德还是不道德决策的因素可能在参与者决定是否透露真实投标信息，或在参与者已决定不道德且不诚实地行事后选择报什么最低单位投标价格时有不同的影响。下文将提出新的统计模型，用专门的一组解释变量及其对应的模型系数对各问题分别建模。因此，新统计模型能够更为精细地考察决策过程，以及实验变量和协变量对决策过程的影响。

3. 不道德行为幅度的建模

本部分介绍了一种专门定制的用于分析理论框架（图 3.3）所概述决策过程复杂结构的实证研究策略。该策略的首要理念是，在提出的模型中，决策过程的结果通过一组条件概率分开建模。如此，具有不同实质意义（类型）的决策由相应的模型部分进行解释。

总体上，模型的建立是为体现以下（条件）概率（即模型部分）：

（1）个体决策者道德/不道德行事的概率，即 p（ethical）以及 p（unethical）；

（2）在个体决策者不道德行事的既定条件下，个体决策者诚实（即报告真实的最低单位投标价格 1000 美元）或不诚实（即报告低于 1000 美元的虚假最低单位投标价格）行事的概率，即 p（honest|unethical）和 p（deceptive|unethical）；

（3）个体决策者不道德且不诚实地行事，并选择特定实际采购价格 d_i 的概率，即 p（d_i|unethical, deceptive）。

因此，各分布以之前的分布为条件。分布（3）中所述的不道德行为幅度大于分布（2）中所述的行为，而分布（2）中所述的不道德行为幅度又大于分布（1）中所述的行为。

根据各参与者选择的实际采购价格建立模型，该价格即为参与者所选择的最低单价投标价格减去 4% 的折扣（如适用）。具体而言，将 d 设为包含参与者决策结果的向量，其中，决策结果就是计算得到的实际采购价格。根据实验设计，选择不透露任何投标信息（因此也是道德地行事）的参与者会选择实际采购价格 1000 美元。透露真实最低单位投标价格（即不道德但诚实地行事）的参与者将选择实际采购价格 960 美元［1000 ×（1–4%）］。不道德且不诚实（即透露假的最低单位投标价格）的参与者将选择低于 960 美元的实际采购价格。例如，如果参与者所报价为 900 美元，则实际采购价格为 864

美元［900×（1–4%）］。数据中最低的可能实际采购价格限制为 748.8 美元，因为参与者仅可能透露高于或等于 780 美元的合理单位投标价格。

结合以上三个模型部分，得到描述所观测结果（实验中的参与者的决策）背后数据生成过程的混合概率函数。假设观测到各参与者的决策彼此独立，则观测所获得数据的似然函数可描述为：

$$
L = \prod_i \big[\, p\,(\text{ethical})
$$
$$
+ p\,(\text{honest|unethical}) \times p\,(\text{unethical})
$$
$$
+ p\,(d_i|\text{deceptive, unethical}) \times p\,(\text{deceptive|unethical}) \times p\,(\text{unethical}) \big]
$$

其中，等式右侧首行表示个体决策者 i 道德地行事（即不透露最低单位投标价格信息）的概率；第二行以个体决策者 i 选择不道德地行事并透露最低单位投标价格信息为既定条件，表示个体决策者 i 此时报真实最低单位投标价格的概率；第三行以个体决策者 i 选择不道德地行事并同时报一个低于从投标供应商所收到的真实最低单位投标价格（即 1000 美元）的价格为既定条件，表示个体决策者 i 报最低单位投标价格 d_i 的概率。

为支持更精细的分析，考察实验变量和其他协变量如何影响不同（条件）概率，以上等式可扩展为一个回归模型，各（条件）概率使用一个 logit 链接函数（logit link function）。例如，$p\,(\text{ethical})$ 可表示为 $\log\left(\dfrac{\exp(\boldsymbol{x}_i'\boldsymbol{\beta}_1)}{1+\exp(\boldsymbol{x}_i'\boldsymbol{\beta}_1)}\right)$，为观测数据 $\boldsymbol{x}_i$ 和 $\boldsymbol{\beta}_1$ 的函数。如此，个体决策者 i 在实验中道德地行事的概率由其协变量向量 $\boldsymbol{x}_i$ 确定。对应的模型系数向量 $\boldsymbol{\beta}_1$ 代表这些协变量对参与道德行为概率的影响。其余模型部分以相似的方式进行。对数似然函数可表示为：

$$
\begin{aligned}
\log L\big(\boldsymbol{\Theta}\mid \boldsymbol{d},\boldsymbol{x},\boldsymbol{y},\boldsymbol{z}\big) = & \sum_i \log\left(\frac{\exp(\boldsymbol{x}_i'\boldsymbol{\beta}_1)}{1+\exp(\boldsymbol{x}_i'\boldsymbol{\beta}_1)}\right)\mathbb{1}_{(d_i=1000)}(d_i) \\
& + \sum_i \left[\log\left(\frac{1}{1+\exp(\boldsymbol{x}_i'\boldsymbol{\beta}_1)}\right) + \log\left(\frac{\exp(\boldsymbol{y}_i'\boldsymbol{\beta}_2)}{1+\exp(\boldsymbol{y}_i'\boldsymbol{\beta}_2)}\right)\right]\mathbb{1}_{(d_i=960)}(d_i) \\
& + \left\{\sum_i \left[\log\left(\frac{1}{1+\exp(\boldsymbol{x}_i'\boldsymbol{\beta}_1)}\right) + \log\left(\frac{1}{1+\exp(\boldsymbol{y}_i'\boldsymbol{\beta}_2)}\right)\right]\right. \\
& + \sum_i \left[\log \Phi\left(\frac{748.8-\boldsymbol{z}_i'\boldsymbol{\beta}_3}{\sigma}\right)\mathbb{1}_{(d_i=748.8)}(d_i) + \log \Phi\left(\frac{\boldsymbol{z}_i'\boldsymbol{\beta}_3-960}{\sigma}\right)\mathbb{1}_{(d_i=960)}(d_i)\right. \\
& \left.\left. + \log \phi_{tr}\big(d_i-\boldsymbol{z}_i'\boldsymbol{\beta}_3,\sigma^2\big)\mathbb{1}_{(748.8<d_i<960)}(d_i)\right]\right\}\mathbb{1}_{(d_i<960)}(d_i)
\end{aligned} \tag{3-1}
$$

在该等式中，$\boldsymbol{\Theta}$ 包含了将根据观测数据矩阵 $\boldsymbol{d}$、$\boldsymbol{x}$、$\boldsymbol{y}$ 和 $\boldsymbol{z}$ 估计的所有模型参数。$\boldsymbol{d}$ 仍表

示观测到的实际采购价格的向量。$\mathbb{1}_D(d_i)$ 定义为：

$$\mathbb{1}_D(d_i) = \begin{cases} 1, & d_i \in D \\ 0, & d_i \notin D \end{cases}$$

等式右侧第一行表示个体决策者 i 道德／不道德地行事的概率。按设置，该概率受到列向量 x_i 中一组协变量的影响。各协变量的影响通过系数向量 β_1 中对应元素体现。

等式右侧第二行表示个体决策者 i 在不道德地行事的既定条件下诚实透露真实最低单位投标价格信息的概率。个体决策者 i 的该条件概率由协变量向量 y_i 和对应系数向量 β_2 体现。

等式剩余部分体现了剩余的观测结果，即个体决策者不道德且不诚实地行事的概率。换言之，这些个体决策者透露了假的最低单位投标价格以获取更多收益，使实际采购价格低于 960 美元。在个体决策者不道德地行事并报假的最低单位投标价格的既定条件下，实际采购价格可能是任何合理值。因此，该组结果遵循一种连续概率分布。这里利用线性回归框架来反映"协变量向量 z_i 可能会影响个体决策者 i 报特定实际采购价格 d_i 的决策"这一事实。β_3 体现了各协变量的对应影响。

"不道德且不诚实"组所报告的实际采购价格取值范围在 748.8 美元到 960 美元之间，需进一步细化模型。因此，条件分布具有限制性补充 $S_{d_i|\text{deceptive}} \subseteq [748.8, 960)$。请注意，该区间左侧封闭，但右侧开放。在该条件分布中，d_i 的取值不能大于或等于 960，因为 $d_i = 960$ 表明参与者报告了真实的最低单位投标价格信息（即 1000 美元），即诚实地行事，明显是一个不同性质的决策。但有可能观测到 $d_i = 748.8$，此时实际采购价格为 748.8 美元（即个体决策者 i 选择报告最低单位投标价格 780 美元）。实质上，这样的结果表明个体决策者选择了实验设计允许的最低单位投标价格以获取最大收益。如果实验设计允许，个体决策者甚至可能会报低于 780 美元的最低单位投标价格。因此，"真正的"低于 748.8 美元的实际采购价格会堆叠在 748.8 美元这点上。

综上所述，从"不道德且不诚实"组获得的数据在左侧于 748.8 美元这点上堆叠，在右侧又被 960 美元这点截断。式（3-1）的最后三行即体现了该数据结构。由 $\Phi(\cdot)$ 表示标准正态分布的累积分布函数。$\phi(\mu, \sigma^2)$ 代表平均值为 μ、标准差为 σ 的正态分布概率密度函数。该组件可解释为潜变量模型。由 d_i^* 代表个体决策者 i 的决策过程结果，d_i 代表观测到的结果。d_i^* 为协变量向量 x_i 与对应 β_3 的函数。当 $d_i^* \in (748.8, 960)$ 时，$d_i = d_i^*$；当 $d^* \leq 748.8$ 时，$d_i = 748.8$。

总结而言，前面所提出的模型，如式（3-1）所描述，利用多个部分来体现所获得数据的独特结构。各类型的决策服从一种条件分布。而后这些条件分布建模为对应解释变量的函数。该特别设计是必要的，因为所观测的结果反映了有自身理论支持的不同类型的决策。此外，该模型隐性地将决策过程表征为一个顺序过程，与前文所讨论的理论框架相对应。模型本质上通过以下步骤处理数据。

第一步，模型处理问题"个体决策者如何决定是否透露最低单位投标价格信息"（即是道德的还是不道德的）。

第二步，模型假设个体决策者已经不道德地行事，考察个体决策者如何决定是否透露真实的最低单位投标价格。

第三步，模型考察个体决策者在决定不道德且不诚实地行事后如何决定报特定假的最低单位投标价格来获取特定金额的收益。

但需注意的是，顺序过程的概念仅以概念和数学的方式反映，并非以时间反映。所观测到的数据并不包含有关个体决策者如何先决定道德还是不道德，然后决定诚实还是不诚实，最后决定报什么最低单位投标价格的时间先后信息。相反，数据仅反映了个体决策过程的最终结果。决策过程被概念化为个体在以不断增加的幅度不道德地行事时所面临的不同类型的决策，模型从这个意义上来说是具备顺序性的。

如按以下方式解释，模型中的数学公式也是如此：

（1）模型首先考察个体决策者何时以及如何偏离道德行为，选择不道德地行事；

（2）模型而后考察个体决策者何时以及如何不诚实地透露假的最低单位投标价格；

（3）模型最后考察个体决策者何时以及如何选择报一个更低的假的最低单位投标价格来获取甚至更高的收益。

不道德行为的幅度随着个体决策者阶梯式经历上面的三个步骤而不断增加。各步骤进而对应个体决策者在更不道德地行事时所面临的阻碍。因此，三个模型部分考察了何时出现不道德行为幅度的增加，以及解释变量如何影响该幅度的增加。由于每个模型部分的协变量单独设置，本模型可以准确描述以上三种行为在道德决策中具备完全不同性质这一重要特点。

3.4.4 统计结果

对所提出模型，即式（3-1）的实证分析通过最大似然估计法完成。模型参数的估计通过在数值上针对Θ最大化对数似然函数$\log L(\Theta \mid d, x, y, z)$实现。

1. 决定道德还是不道德地行事

建模过程的第一阶段考察个体决策者道德地行事（即将合同授予原给出最低单位

投标价格的供应商）还是不道德地行事（即透露最低单位投标价格信息给请求的供应商），即考察 p（unethical）。所估计的参数反映了个体决策者道德地行事的概率 p（ethical）。自然而然地，不道德地行事的概率也可间接得到体现，因为 p（unethical）$=1-p$（ethical）。

表 3.2 的第二列报告了模型的第一阶段，即模型参数 $\boldsymbol{\beta}_1$ 的估计结果，这代表了协变量对个体决策者参与道德行为概率的影响。多个控制变量对道德地行事的概率有显著的影响。如我们预期的，所感知到的惩罚严重程度越低，个体决策者道德地行事、不透露投标信息的概率也越低（$\beta=-0.4129$，$p<0.0001$）。换言之，与不道德行为相关的所感知到的惩罚严重程度会显著促进道德行为。重视享乐主义的个体决策者道德地行事并将合同授予提交最低单位投标价格的供应商的可能性更低（$\beta=-0.0899$，$p=0.0034$）。此外，性别与实验变量——安全后果之间的相互作用呈一定的显著性（$\beta=0.4921$，$p=0.0680$），表明如果披露投标信息会降低产品安全性，女性更可能在授予合同时秉持道德标准。

表 3.2　统计分析结果

变量	p（ethical）	p（honest|unethical）	p（d_i|deceptive, unethical）
Intercept	1.4546 †（0.8516）	−1.3004（1.4881）	840.1495 ***（37.7352）
年龄	0.1075（0.1015）	−0.1441（0.1821）	−7.8831 †（4.1129）
家庭收入	−0.0258（0.0403）	0.0255（0.0717）	2.5847（1.7645）
仁爱主义	0.0368（0.0250）	0.0838 †（0.0462）	1.6365（0.9959）
享乐主义	−0.0899 **（0.0306）	−0.1313 *（0.0523）	−4.6051 ***（1.3319）
惩罚严重程度（reverse-coded）	−0.4129 ***（0.0431）	−0.2054 **（0.0744）	−23127（1.8615）
道德基础设施	0.0332（0.0563）	0.2438 *（0.1064）	2.9391（2.2942）
性别	0.1361（0.2391）	0.0307（0.4072）	10.1461（9.7705）
实验变量：受益人	−0.0108（0.2703）	−0.3697（0.4512）	12.3259（12.5570）
实验变量：安全后果	0.3229（0.2699）	0.0635（0.4486）	17.8827（12.5466）
性别×受益人	−0.0269	0.9923 *	20.2082 †
	（0.2690）	（0.4769）	（11.2875）
性别×安全后果	0.4921 †	0.0421	−4.7650
	（0.2696）	（0.4710）	（11.2086）

注：$^\dagger p<0.10$；$^* p<0.05$；$^{**} p<0.01$；$^{***} p<0.001$。

2. 决定诚实或不诚实地行事

模型的第二阶段（表 3.2 的第三列）在个体决策者不道德地行事、透露真实最低单位投标价格信息的既定条件下，考察了多个变量如何影响个体决策者向泰科技术公司告知真实最低单位投标价格的概率（即 $\boldsymbol{\beta}_2$）。与享乐主义对应的系数（$\beta=-0.1313$，$p=0.0122$）表明，享乐主义与不道德但诚实行事的概率之间存在负相关关系。换言之，重视享乐主义的个体决策者倾向于不诚实地行事，即报一个低于 1000 美元的最低单位投标价格。所感知到的惩罚严重程度会限制个体决策者不道德且不诚实地行事（$\beta=-0.2054$，$p=0.0058$）。此外，组织内的道德基础设施对道德行为有积极的影响，因为强道德氛围与更高的不道德但诚实行事的概率相关联（$\beta=0.2438$，$p=0.0220$）。性别与实验变量——受益人之间的交互作用项系数为 0.9923，具有统计显著性（$p=0.0375$）。当不道德行为的收益在组织成员之间共享时，女性更可能在透露信息时坦诚说明其所收到的最低单位投标价格。最后，存在有限程度的统计证据表明不道德但诚实行事的概率在个体决策者重视仁爱因素时更高（$\beta=0.0838$，$p=0.0700$）。

3. 决定不道德且不诚实地行事

模型的最后一个部分（表 3.2 的第四列）估计了各变量对不道德且不诚实行事决策下实际采购价格的影响。年龄的系数为负（$\beta=-7.8831$），且具有相对显著性（$p=0.0553$）。这表明年龄更大的个体决策者倾向于报告更低的单位投标价格来换取更多收益。越重视享乐主义，个体决策者所报最低单位投标价格越低（$\beta=-4.6051$，$p=0.0005$）。该阶段的实验变量效应以多种形式表现。有一定的统计证据表明女性会在于组织内共享收益时报更高的最低单位投标价格（$\beta=20.2082$，$p=0.0734$）。

4. 假设检验

3.2.4 节中提出了两个假设。在实证分析中，我们可通过考察对应实验变量（安全后果和受益人）的估计参数，对这些假设进行检验。实证结果的确对假设提供了一定程度的支持。但实验变量的影响因决策的实质意义不同而有差异。

假设 1 认为后果严重程度与不道德行为幅度负相关。如上文已讨论的，不道德行为的安全后果的确与女性参与不道德行为的概率负相关。假设 2 提出，共享不道德行为收益的激励机制与不道德行为幅度正相关。但是，该假设仅适用于参与者已决定不道德且不诚实行事后的有关所报特定最低单位投标价格的决策。但当收益在组织内共享时，女性不诚实行事的可能性要更低，该结果与假设 2 相矛盾。

总体而言，实证结果在一定程度上支持 3.2.4 节所述的假设。但结果表明，对于实质意义不同的决策，上述理论假设的影响并非始终存在。不道德行为的后果严重程度（如假设 1 所考察）仅在个体决策者决定是否披露最低单位投标价格信息时才会影响决策过程。但在研究参与者决定向供应商报什么最低单位投标价格时，该因素对决策过程无任何影响。此外，影响也可能因性别和文化背景而异。总体上，实证分析明确显示，不道德行为的幅度，以及实验变量和协变量对道德决策的影响，存在较大异质性。为更好地解释这些结果，3.5 节将展示多项补充分析。3.6 节将更为详细地讨论所有实证发现及其理论和实践启示。

3.5 补充分析

3.5.1 最大化利益的作用力

主研究中所考虑的两种实验变量（受益人与安全后果）主要与个体维持道德自我形象的倾向相关。如下文将讨论的，我们还未直接考察理论框架中的相反作用力（即最大化不道德行为的利益）。本节进行了补充研究来探查这一相反作用力在确定不道德行为幅度时的作用。

原研究设计允许参与者自行决定不道德行为的幅度。在这样的设计中，由于个体决策者可以自行决定不道德行为的幅度，所以难以操纵个体决策者对最大化利益的感受强烈程度。考察最大化利益这一作用力在所提理论框架中作用的一种方法是加入一个额外的实验变量，使个体决策者之间的获益金额存在差异。例如，在相同的不道德行为幅度下，实验组的参与者将收到的奖励是对照组的两倍。但这样的设计并不能给既定参与者提供明确的参考点来体验其想要最大化利益的感受强烈程度。这样很难揭示最大化利益倾向的驱动效应，因为个体决策者对相同金额奖励的重视程度会有很大差异。

补充研究采用另外的设计来考察最大化利益倾向的驱动效应。实验设置为三天，其中前两天与主实验设计完全相同。实验的"第 3 天"部分根据参与者在"第 2 天"的决策而有所不同。

对于选择向供应商披露"某"最低单位投标价格（真实或虚假的投标价格）的参与者，实验的"第 3 天"部分向其呈示一份仅对其决策进行确认的电子邮件。

对于拒绝披露最低单位投标价格的参与者，实验的"第 3 天"部分先提醒其"第 2

天"所呈示的安全后果和受益人条件，并确认其决策。而后实验呈示来自询问最低单位投标价格并提供进一步折扣的供应商的跟进电子邮件。在电子邮件中，供应商称其愿意提供参与者所指定的折扣，以还要更低的价格来供应变速箱（具体设计见 3.5.2 节）。而后，要求参与者重新评估情况，并再次进行决策。如果参与者选择报最低单位投标价格并指定所期望的折扣，则最大折扣设定为符合实际的 25%。"第 3 天"，参与者的对应现金奖励不再与"第 2 天"一样以 10 美元为上限，而是以 20 美元为上限。图 3.5 描述了实验的完整流程。

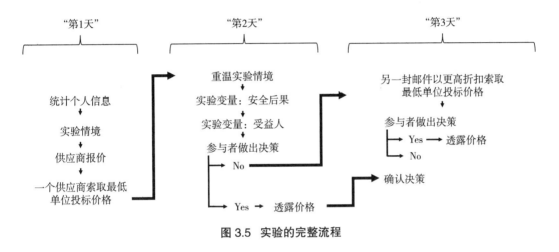

图 3.5　实验的完整流程

3.5.2　实验设计（"第 3 天"）

Email message presented to the subjects who chose not to disclose the lowest bid information.

提供给没有选择泄露最低投标信息的参与者的电子邮件。

Earlier today，you received an email from Ben：

今早您收到了本的如下邮件：

Dear［subject's first name］，

亲爱的［参与者姓名］，

　　Thank you for the reply and we regret to hear about your decision. We truly value the long-term relationship between our firms and therefore would love to work out a special arrangement regarding this particular contract.

感谢您之前的回复，很遗憾您没有将有关投标价格相告。我们很重视和贵公司的长期合作关系，因此，我们希望再向您就这份特殊的合同提供一个特别的方案。

We understand that this contract plays an important role in the next few years given its volume. With our experienced team and state-of-the-art facilities, we are perfectly capable of fulfilling your contract at a lower price without compromise in quality. We are sure that we can work together and achieve significant cost savings. Therefore, we would like to offer you a percentage discount that will sway your decision.

我们明白，鉴于该合同的数量，它将在未来几年发挥重要作用。我们有经验丰富的团队和最先进的设备，完全有能力在保证质量的前提下以较低的价格履行合同。我们相信，我们可以共同努力，使成本显著下降。因此，我们决定给您提供一个能让您改变决定的更低的折扣。

Again, we are eager to work with you on this contract. Please kindly reconsider our offer and let us know what percentage discount will be satisfactory to your team. We will do our best to match the lowest bid you received with the additional discount you specified.

我们真诚希望就这份合同和贵公司达成合作。请您重新考虑我们的报价并告知我们令贵公司满意的折扣，我们将尽最大努力匹配您收到的最低单位投标价格与您指定的额外折扣。

Look forward to hearing back from you.
期待您的答复。

Sincerely（谨启）

Ben（本）

Ben Anderson（本·安德森）

VP Sales, Tech-Inc.（销售副总裁，泰科技术公司）

Peoria, IL（皮奥里亚，伊利诺伊州）

补充研究的目的是揭示不道德行为幅度在一定程度上受最大化利益倾向驱动的潜在证据。实验"第3天"本质上提供了最大化利益的动机和机会，同时维持其他条件不变。我们预期该变化会推动不道德行为的幅度偏向范围谱的右侧（即不道德侧）。由于仅在"第2天"选择保持道德地行事的参与者会经历这一变化，所以我们预期不道德行为幅度的变化会表现为个体从道德地行事（magnitude of unethical behavior＝0）转变为不道德地行事（magnitude of unethical behavior > 0）。

补充研究在前文提到的大学进行，并额外招募了 373 名本科生作为参与者。"第 2 天"，有 193 名参与者选择透露最低单位投标价格信息，另外 180 名参与者选择保持道德地行事。"第 3 天"，实验向这 180 名参与者提供了再次做出决策的第二次机会，给予了更高的最大可得奖励。180 名参与者中共有 51 名（28.33%）的确转变了决策，透露了投标价格信息。其中，仅 17 名参与者报了真实的最低单位投标价格（1000 美元）；34 名参与者不仅透露了投标价格信息，还报了假的价格（低于 1000 美元）；而且，选择透露信息的参与者在"第 2 天"所报告的平均最低单位投标价格为 886.39 美元。而"第 3 天"的平均最低单位投标价格显著更低，为 836.38 美元（$p = 0.0003$）。该差异可视为最大化利益升高触发不道德行为，并同时增加了不道德行为幅度的证据。

表 3.3 总结了主研究和补充研究的实验结果。在补充研究的"第 3 天"，仍有大比例的参与者（基数为在"第 2 天"展现道德行为的参与者）选择不透露任何信息（71.67%）。但大部分选择透露信息的参与者选择了更高折扣（平均为 9.96%），而非原来的 4%，以此来实现更大幅度的成本降低。

表 3.3　主研究和补充研究的实验结果

	主研究		补充研究			
	"第 2 天"决策		"第 2 天"决策		"第 3 天"决策	
道德	494	43.60%	180	48.26%	129	71.67%
不道德但诚实	114	10.06%	72	19.30%	17	9.44%
不道德且不诚实	525	46.34%	121	32.44%	34	18.89%
总数	1133		373		180	

3.5.3　模型扩展

本研究中呈现的统计模型（如式 3-1 所述）可方便地进行修改以适应不同的实验设置。在理论框架中，不道德行为的幅度会在决策性质出现实质性变化的一个或多个断点不连续。例如，从经济学意义看，在实验中报 1000 美元与报 999 美元无实质差异。但在现实中，这两个决策不能等同视之，因为后一决策涉及欺骗。在统计模型中，应由不同的模型部分来体现这两种类型的决策。同一思想可应用于涉及多种不同类型决策的其他场景中。

在主研究中，将实际采购价格 748.8 美元处理为不同类型的决策是可能的，因为这是实验设计所允许的最低可能价格 [780 ×（1-4%）]。该决策可视为一种独特类型的决策，因为个体决策者仅注重最大化组织的成本节约与对应的个人奖励。在主研究中，这些观测值由缺失数据的形式体现。另一种建模方法是纳入如式（3-2）所示的额外模型部分。

$$
\begin{aligned}
\log L\left(\boldsymbol{\Theta} \mid \boldsymbol{d}, \boldsymbol{x}, \boldsymbol{y}, \boldsymbol{z}, \boldsymbol{w}\right) = & \sum_i \log\left(\frac{\exp\left(\boldsymbol{x}_i'\boldsymbol{\beta}_1\right)}{1+\exp\left(\boldsymbol{x}_i'\boldsymbol{\beta}_1\right)}\right) \mathbb{1}_{(d_i=1000)}(d_i) \\
& + \sum_i \left[\log\left(\frac{1}{1+\exp\left(\boldsymbol{x}_i'\boldsymbol{\beta}_1\right)}\right)+\log\left(\frac{\exp\left(\boldsymbol{y}_i'\boldsymbol{\beta}_2\right)}{1+\exp\left(\boldsymbol{y}_i'\boldsymbol{\beta}_2\right)}\right)\right] \mathbb{1}_{(d_i=960)}(d_i) \\
& + \left\{\sum_i\left[\log\left(\frac{1}{1+\exp\left(\boldsymbol{x}_i'\boldsymbol{\beta}_1\right)}\right)+\log\left(\frac{1}{1+\exp\left(\boldsymbol{y}_i'\boldsymbol{\beta}_2\right)}\right)+\log\left(\frac{\exp\left(\boldsymbol{w}_i'\boldsymbol{\beta}_3\right)}{1+\exp\left(\boldsymbol{w}_i'\boldsymbol{\beta}_3\right)}\right)\right] \right. \quad (3-2) \\
& \left. + \sum_i \log \phi_{tr}\left(d_i-\boldsymbol{z}_i'\boldsymbol{\delta}, \sigma^2\right)\right\} \mathbb{1}_{(748.8<d_i<960)}(d_i) \\
& + \sum_i \left[\log\left(\frac{1}{1+\exp\left(\boldsymbol{x}_i'\boldsymbol{\beta}_1\right)}\right)+\log\left(\frac{1}{1+\exp\left(\boldsymbol{y}_i'\boldsymbol{\beta}_2\right)}\right)+\log\left(\frac{1}{1+\exp\left(\boldsymbol{w}_i'\boldsymbol{\beta}_3\right)}\right)\right] \mathbb{1}_{(d_i=748.8)}(d_i)
\end{aligned}
$$

式（3-2）的最后一行代表了体现 $d_i=748.8$ 时观测值的额外模型部分。个体决策者 i 做出该类决策的概率由向量 $\boldsymbol{w}_i$ 及其对应系数向量 $\boldsymbol{\beta}_3$ 确定。这些系数反映了在个体决策者不道德且不诚实地行事的既定条件下，不同因素如何影响个体决策者选择获取最大利益的概率。这一概率的增加将降低个体决策者在选择不道德且不诚实地行事的既定条件下仅获得适量利益的概率。额外模型式（3-2）与主研究的模型式（3-1）存在根本性差异，因为额外模型区分了个体决策者参与中等程度不道德行为的条件概率 $[d_i \in (748.8, 960)]$，以及个体决策者尽可能不道德地行事以获取可得的最大利益的条件概率（$d_i=748.8$）。

结果显示，享乐主义与选择最高不道德行为幅度以及因此得到最大利益的概率正相关（$\beta=0.1612$，$p=0.0157$）。该关系与主研究的结果一致，即享乐主义倾向于驱动个体决策者的决策更偏向于不道德侧。此外，年龄与选择最大可能利益的概率之间也存在正相关关系（$\beta=0.3344$，$p=0.0862$）。就这些因素如何影响决策结果而言，补充研究的结果与主研究一致。

3.6 关于实证结果的讨论

长期以来，个体在道德决策中的行为表现一直都是文献中的研究热点，但企业供应链社会责任相关文献中对此研究相对较少。该研究问题与商业管理尤为相关，因为个体

决策者层面的道德 / 不道德行为通常会对整个组织造成影响。此前研究已建立了一个综合性理论框架，整合了影响个体决策者在既定情境下会道德还是不道德地行事的各种因素。研究者们也已讨论了道德决策中的一些重要难点，尤其是在供应链管理背景下的该类决策（Kim et al., 2018）。虽然已有大量关于道德决策的研究，但目前仍仅有少数研究者关注不道德行为的幅度。从研究的角度看，在理论化或实证分析中，出于简化的目的，将道德决策的结果视为道德或不道德通常都是合理且实用的。该方法在支持研究者识别和分离特定因素对决策结果的影响上非常有用。但这样的简化通常隐含了一定假设，即个体决策者在任何情境中都仅能够选择完全道德或完全不道德地行事，两个极端立场之间无"中间立场"。此外，在应用这一简化方法时，道德决策仅有两个潜在结果，因为个体决策者仅能够参与两种可能的行为。

要进一步扩展我们对道德决策的了解，值得一试的一个方向是专门考察该决策过程的结果，将其视为一个连续体。本研究致力于建立一个理论框架来体现不道德行为幅度的整个范围。本研究进一步提出，理论框架的独有特征使得研究需建立专门的统计模型来完成实证检验。实验表明，在供应链管理背景下，不道德行为的幅度的确存在较大的异质性。本节将总结本研究在理论和实证方面的贡献，讨论它们可如何指引从业者促进供应链管理中的道德行为。

3.6.1 不道德行为幅度的框架

本研究的中心论点是，不道德行为幅度的异质性具有重要的理论和实践意义，可以支持我们进一步了解企业供应链社会责任管理中的道德决策。而仅仅探究个体决策者如何、何时道德或不道德地行事并不够。从实践的角度看，企业内的不道德行为幅度通常与经济、社会或法律后果的严重程度直接相关。因此，幅度更高的不道德行为自然而然地会对个体决策者及其企业造成显著的更严重的影响。

本研究提出了一个理论框架，对供应链个体决策者在决策过程中如何确定不道德行为的幅度进行解释。理论框架围绕多个特征建立起来。

首先，不道德行为的幅度可以低至"0"或"无"，代表道德的决策。

其次，不道德行为的幅度可能并非以连续且线性的方式增加。在不道德行为的幅度增加至超出特定断点时，决策的实质意义可能会发生改变。因此可能需要分开考察具有不同实质意义的供应链管理决策。

最后，由于该不连续性，研究关注的因素可能对实质意义不同的决策有不同的影响。

因此，遵循传统的理论化过程，仅预测特定因素与供应链管理的不道德行为幅度在整体上为正相关还是负相关并不够。本研究的理论框架转而提出，各因素可能都对不道德行为的幅度具有影响，促使其偏向决策的道德侧或不道德侧。如此，某一因素的影响可能不仅仅是改变既定决策的幅度，还会驱动决策变为实质意义不同的另一类决策。

本研究的实证部分提出了一个专门的统计模型从建模角度来容纳这些独特特征。我们将不道德行为幅度背后的数据生成过程建模为一种混合分布，以便其能够利用不同的模型部分来整合不同的决策类型。

我们还利用了一系列条件概率来模拟不道德行为幅度增加时的渐进性。各条件分布可建模为一个协变量的函数，由此研究关注的因素可对不同类型的决策（即实质意义不同的决策）有不同的影响。

3.6.2　道德决策中的异质性

本研究中的理论框架和对应的统计模型为实证性检验不道德行为幅度的异质性提供了指引。实验的确表明供应链管理背景下的道德决策报告结果存在巨大差异。更为重要的一点是，这些结果表明决策过程可能会以多种方式存在差异，每种方式均向供应链研究者揭示了重要的理论及实践启示。

1. 所报告不道德行为幅度的异质性

本研究的实验设计使我们能够观察到供应链管理背景下道德决策的完整范围谱。所收集的证据表明，不道德行为的幅度存在较大差异。

本研究中，参与者做出的决策会导致两种对应的决策结果，即为企业实现成本节约和给予参与者报酬、没有为企业实现成本节约和未给予参与者报酬。如图 3.6 所描述的，决策结果是 1133 名参与者中有 494 名（约 43.6%）选择不透露最低单位投标价格而道德地行事。根据研究设计，这些参与者没有为企业实现任何成本节约，因此未获得任何报酬。约有 56.4% 的参与者（1133 名中的 639 名）的确选择透露最低单位投标价格信息来换取企业和自身的利益。但更为重要的是，结果表明即使仅考虑"不道德"组，组内也存在较大的差异。"不道德"组有大量参与者（114 名，即全部参与者的 10.06%）选择向供应商报真实的最低单位投标价格（1000 美元）。该观测结果进一步表明，报真实的最低单位投标价格信息应视为与报假的最低单位投标价格信息不同类型的决策。个体决策者不仅仅选择透露信息，还报假信息以获取更多利益的"不道德且不诚实"组中仍存在较大差异。最后的实际采购价格在 748.8 美元到 960 美元之间，涵盖了实验设计所允许的完整范围谱。

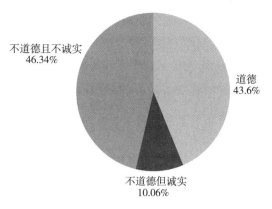

不道德且不诚实
46.34%

道德
43.6%

不道德但诚实
10.06%

图 3.6 决策结果

总体上，本研究的实验清晰表明，在考察供应链管理背景下的个体决策者道德决策过程时，不应忽视不道德行为幅度的异质性。在主实验中，约有 56.4% 的参与者选择参与不道德行为，为企业实现成本节约，从而获得个人报酬。但这样的陈述完全不足以描述这些参与者行为的具体情况——参与者实现的成本节约最低为 400 万美元，最高则有 2500 万美元左右，金额标准差极大，达到 756 美元。企业的经济后果因不道德行为幅度的不同而存在重大差异。对应地，个体决策者可获得低至 2 万美元、高至 23.1 万美元的个人报酬。参与者在实验研究中获得的现金报酬则在 1 美元到 10 美元之间。个体决策者获益的异质性可导致管理方面的复杂问题。例如，对于向供应商透露机密信息并获得 2 万美元报酬的员工，对待其的方式不应与获得 20 万美元报酬的另一员工相同。虽然这些结果源于实验环境中的假设场景，但却明确表明，员工不道德行为的幅度对企业的经济、社会，甚至是法律后果有巨大且异质的影响。

2. 实验变量及协变量影响的异质性

本研究的另一重大发现是实证分析中所考虑的因素表现出对道德决策的异质性影响。理论框架和统计模型使得我们能够考察实验变量和不同协变量在确定不道德行为幅度时的作用。结果显示，鲜有变量在决策过程中表现出一致的影响。相反，它们可能仅在决策过程的特定阶段发挥重要作用。

实验主要考虑了两种实验变量的潜在影响，即不道德行为的安全后果与不道德行为的受益人。此前研究已发现一定证据，表明这两个因素对个体决策者的道德决策有显著影响（Valentine et al.，2011）。但本研究的实证分析表明，该影响在确定不道德行为实际幅度的决策过程中并非始终显著。产品安全性方面的不道德行为后果仅影响个体决策者选择整体上道德还是不道德地行事的决策。在参与者已决定不道德地行事的既定条件下，安全后果对参与者选择透露什么最低单位投标价格信息的决策并无任何影响。相比较而言，谁将获得不道德行为导致的收益（即实验变量——受益人）完全未影响个体道德/不道德行事的概率。该实验变量的影响仅在个体已选择参与不道德行为后才变得显著。

上述观察结果还可适用于对其他协变量的分析。例如，感知到的不道德行为潜在惩罚的严重程度倾向于使个体决策者道德地行事，或至少诚实地行事。但当个体决策者已选择不道德地行事并报假的最低单位投标价格后，惩罚严重程度似乎并不会影响不道德行为的幅度。

此外，就其他协变量对实验变量效应的调节作用而言，研究关注的因素也可能具有异质性作用。实证结果表明，男性与女性对两种实验变量的反应均存在差异。在与组织共享不道德行为的收益时，或当不道德行为会导致严重后果时，女性往往表现得更为道德。

实证研究还显示，即使考虑不道德行为的幅度，可能仍有些因素对道德决策存在一致的影响。一项个人价值观（享乐主义）在决策各方面表现出了一致的影响。具体而言，重视享乐主义的个体决策者更可能不道德地行事（与道德地行事相对），也更可能报假的最低单位投标价格（与诚实相对）以及报更低的单位投标价格来换取更多经济收益。换言之，享乐主义一致性地驱动个体决策者的决策偏向范围谱的不道德侧。

本研究结果表明，应进一步扩展我们当前对多种因素如何影响道德决策的认识，将不道德行为幅度考虑在内。此前很多研究称未发现特定因素在道德决策中有相关作用。可能的情况是这些因素对决策过程的影响仅在特定情况下显著。例如，某一因素可能不会影响个体决策者整体上道德/不道德地行事的倾向。但该因素可能在确定个体决策者在特定情形下会选择的不道德行为幅度上有强势影响。实际上，本研究的实证结果表明，仅当个体决策者决定不道德且不诚实地行事时，年龄才成为不道德决策的重要预测因子。该结果为既往研究（Cagle et al.，2006）为何未发现年龄与道德决策的关联提供了一种可能的解释。

3.6.3　对企业供应链社会责任管理的启示

现有文献已识别了与不道德行为正相关或负相关的多种因素。文献中的传统认识是，企业应采用整体上会减少不道德行为的政策或管理实践方法。但本研究提出，在管理实践中需特别关注不道德行为的幅度。如果不道德行为有时无法避免该怎么办？降低不道德行为的幅度对管理者们来说可能与完全消除不道德行为一样重要，因为不道德行为的潜在后果与行为幅度直接相关。在企业中完全消除不道德行为可能极为困难，因为这么做的成本可能会很高（Zajac et al.，1994）。投资减少不道德行为的相关政策或管理实践方法的收益不断降低，这进一步表明企业可能永远无法彻底消除不道德行为。从这个意义上说，降低不道德行为幅度的管理手段可能对企业具有特别的价值，这些手段可发挥"止损"作用，由此至少能够限制难以避免的不道德行为的后果。

本研究表明，供应链管理者们在促进道德行为时采用不同的思维方式可能有所裨益。与其寻找可能会彻底消除不道德行为的管理手段，管理者们不如将各种管理手段视为引导个体决策者的决策偏向范围谱道德侧的作用力。从这个角度看，此前对不道德行为无效的特定政策/管理实践方法可能实际上有助于降低个体决策者不道德行为的幅度。如本研究实证分析所示，特定因素可能在彻底阻止不道德行为上无效，但能够强势地降低不道德行为的幅度。但能够降低不道德行为幅度的因素不一定会降低个体决策者参与不道德行为的整体概率。其他因素的作用可能刚好相反——也许可以有效地降低个体决策者参与不道德行为的整体概率，但对降低不道德行为的幅度无效。

综合考虑，供应链管理者们可能需要利用多种管理手段，由此在整体上推动供应链组织内的决策偏向道德一侧。最终目标是让各种管理手段获得足够强大的联合作用力，以促使所有决策均为道德行为。很多管理手段在传统上可能并未被视为阻止员工参与所有不道德行为的"解决措施"。但其中某些手段可能仍与道德决策具有切实相关性，因为这些手段可视为对不道德行为的一种"补救"，可有效地降低不道德行为的幅度。

此外，本研究表明，在考虑不道德行为幅度的情况下，特定要素可能对供应链管理的道德决策有一致的影响。例如，年龄和性别等个体特征一般与个体决策者的道德决策倾向相关联。更为重要的是，享乐主义等特定个人价值观可能会系统性地驱使个体的决策偏向道德/不道德侧。从实践角度看，企业可利用现有的测量手段进行管理，如Schwartz 等（2012）主张在招聘过程中建立新员工的个人价值观档案。该档案可反映员工在道德决策方面的行为倾向。例如，如果某位供应链管理者高度重视即时收益和满足，企业应对其诚信度更加警惕。总体而言，年龄和性别等个体特征与个人价值观等特质均为容易获得的信息，可用于协助供应链管理者做出采购相关决策和更为有效地促进道德行为。

本研究结果还表明，激励机制可作为有效的管理手段来促进供应链管理中的道德行为，因其对道德决策有重要的影响作用。在设计激励机制来激励供应链管理者时，企业应不仅仅考虑鼓励让他们为企业实现经济利益，还应考虑促使他们以更道德地方式行事。年龄和性别等个体特征也可能会影响个体决策者对该类激励机制的反应。本研究结果显示，整体而言，在组织成员会共享良好业绩的经济奖励时，供应链管理者倾向于更道德地行事。因此，建立一种决策机制，由组织成员集体做出供应链管理相关决策，可能是一种有益的做法。例如，潜在供应商的选择可由多个供应链管理者组成的联合委员会确定。对组织成员更为透明的激励机制也可能会帮助阻止供应链管理相关活动中的不道德行为。

3.6.4　未来研究扩展

本研究是在理论以及实证方面描述不道德行为幅度确定机制的最早尝试之一，尤其是在供应链管理背景下。未来研究可走向不同的方向，来丰富理论框架或在其他场景中完成更多实证验证。

第一，本研究的重点是提出一个理论框架，因此仅在实证分析中考虑了数个因素。未来研究可在本研究所采用的探索性方法上更进一步，将重点放在从理论上识别应整合入框架的其他因素。

第二，可在不同的实证场景中检验本研究提出的理论框架，相应地检验各种因素。

3.7　本章小结

本研究提出了一个理论框架，力求在供应链社会责任管理决策情境中考察不道德行为的幅度。本研究建立了专门的统计模型来体现理论框架所具有的独特特征。而后，研究采用探索性的方法分析了供应链管理场景中的不道德行为幅度。本研究的实验提供了重要的实践依据和理论启发。

第 4 章

供应链社会责任决策的动态研究

4.1 引言

遵循企业伦理道德、践行社会责任是商业实践中的一个重要挑战。The Association of Certified Fraud Examiners 于 2018 年的报告称美国的组织因舞弊每年损失约 7% 的收入，这等于全美每年损失约 9940 亿美元。运营和供应链相关活动尤其易于受到道德失灵的影响，因为约有 30% 的记录的舞弊案与企业内的供应链职能相关。实际上，德勤（Deloitte）近期的一项执业者调查显示，对于很多企业来说，即使已实施基于先进分析技术的预防性措施，供应链相关舞弊在过去数年中还是成为了一种愈加严重的威胁。

道德问题可能会对企业社会责任表现造成毁灭性的影响，因为其中通常包含一系列长时间的反复行为和玩忽职守。依据 ACFE 的数据，企业舞弊阴谋通常会持续数月甚至数年，中位数为 16 个月。持续时间更长的不道德行为会导致经济损失大幅增加。例如，安然公司被发现在四年间反复夸大其收入。印度 IT 公司萨蒂扬（Satyam）被发现持续多年参与各种不道德行为，如伪造交易、夸大支出和操纵库存价值。2001 年到 2007 年，西门子（Siemens）的多个部门涉入一系列内部腐败阴谋，涉及总计 14 亿美元的非法款项（Kroll，2011）。英国的跨国防卫、安保和航空公司 BAE 系统（BAE Systems）被指控在 10 年中每季度向一位阿拉伯王子支付 3000 万英镑以换取国防合同中的优惠待遇。所有这些道德上的企业行为不端示例均表明道德失灵可能鲜少以个案形式发生。相反，道德失灵通常由较长时间中的一系列不道德行为构成，一同导致严重的后果。

本研究部分的重点是从纵向、跨时间的角度考察个体决策者的道德决策过程。大部分现有研究一般仅考察单次道德决策情况或仅考察彼此独立的多个决策。但实际上，多数重大道德失灵事件并非单次行动的结果。相反，这样的失灵通常会包含一系列反复的不道德行为，个体决策者通常从轻微的道德违背开始，但会在之后涉入导致更严重后果的不道德行为。因此，本研究部分并不将个体决策者的某个决策视为孤例，而是寻求从纵向、整合的角度评估道德／不道德行为的总体趋势。

企业仅关注员工的道德／不道德行为的总体趋势虽然有一定好处，但对全面提升企业决策的社会责任表现仍显不足：总体上倾向于道德行事的个体决策者不一定会在每一特定决策中秉持道德标准。如 The Association of Certified Fraud Examiners 于 2018 年所报告的，很多舞弊犯罪者并无既往道德违背历史。很可能的情况是，个体决策者并不一定以一致的方式行事。换言之，在过去道德／不道德地行事并不一定就表示将来会做出相同性质的决策——个体决策者的行为模式可能存在不一致性。因此，本研究部分还尝试了解个体决策者在系列决策中是否一致或不一致地行事以及该一致性／不一致性的程度，并讨论了如何提升道德决策中的一致性。

而且，The Association of Certified Fraud Examiners 于 2018 年的报告称，与就职期限更短的员工相比，在企业中就职时间更长的员工往往会参与幅度更高的不道德行为。该结果对执业者具有特别的警示作用——鲜有员工能够完全避免参与不道德行为。个体决策者可能会逐渐不再能够秉持道德标准，最终成为不道德行为者。个体决策者也可能需要时间来完全掌握可使不道德行为发生的组织参数。因此，本研究也通过考察个体决策者在过去道德地行事后易参与不道德行为的程度来研究这一可能性。

近年来，已有研究开始考察个体决策者随时间推移所做出连续决策之间的跨时间关联（Barque-Duran et al., 2016）。如该文献所表明的，个体决策者在道德决策中并无固定不变的行为模式。在供应链管理中，这种动态的行为模式表明个体决策者当前的决策可能受其既往决策的影响；个体决策者的道德决策历史具有重要意义。

具体而言，个体决策者表现出两种类型的动态行为模式，即道德一致性与道德平衡（Mullen et al., 2016）。一方面，道德一致性指个体决策者倾向于在道德决策中一致地行事的情况。一次道德行为很可能会导致另一次道德行为，反之亦然。另一方面，道德平衡表明参与道德或不道德行为会增加个体决策者在机会出现时参与相反类型行为的可能性（Cornelissen et al.，2013）。在文献中，道德平衡通常由道德许可（moral licensing）和道德净化（moral cleansing）组成（Brañas-Garza et al.，2013）。已有一系列文献关注个体决策者从道德行事转变为不道德行事的情景，这通常被称为道德许可。还有文献关注相反的行为，通常被称为道德净化，即个体决策者不再不道德地行事，表现出道德行为（Mullen et al.，2016）。总之，这两种类型是指，根据其遵循的模式，个体决策者会倾向于与之前的决策一致或对立地行事。

这两种截然不同的动态行为模式虽然在心理学文献中得到一定研究，但供应链社会责任相关文献尚未对其进行验证和描述。本研究可填补供应链社会责任文献中的这一空白，证明在供应链决策建模时考虑纵向道德动态的重要性。在供应链管理实践中，管理者们会反复面临影响其企业、供应链合作伙伴以及通常情况下还会影响作为个体决策者的自身的决策。很多决策会引发道德考量，因此会出现由道德平衡或道德一致性所驱动的行为模式变化。所以对企业来说，尽力维持一致的高道德标准非常重要。在很多情况下，一次社会责任丑闻可能就会在声誉和财务业绩方面对企业造成灾难性的后果。

因此，本研究还考察了通常程序引发的道德意识能否影响道德决策的动态变化。此前研究已发现，道德意识是不道德行为的重要阻碍（Rest，1986）。但道德意识对道德决策有无长期影响目前仍不清楚。由于存在"道德腐蚀"，个体可能会逐渐降低对不道德行为的敏感度。因此，忽视个体当前的不道德行为可能会产生严重的长期后果。本研究考察通过道德教育提升的道德意识是否会促成不仅道德还一致的个体行为。如果道德意识的确对道德行为具有持久的强效果，企业也许可利用相关做法来促进供应链管理业务中道德行为的规范化。

为实证性考察个体决策者随时间推移在多个决策中的表现，本研究开展了一项行为实验，要求参与者在 10 周之内做出一系列（10 个）供应链社会责任相关决策。该基于情境的实验设计旨在模拟现实的情况，即供应链管理者们反复面临涉及道德考量的供应链社会责任相关决策。实证分析力求对实验参与者所表现出的动态行为模式进行特征描述。本研究考察了道德动态的三个方面。

第一，本研究显示多数个体决策者的确在本研究的某个时间点不道德地行事。但参与不道德行为的总体概率因人而异。

第二，更为重要的一点是，结果表明个体决策者的行为模式存在高度不一致性——

个体决策者通常会在道德与不道德行为之间切换，而不论其长期以来的总体道德/不道德行为趋势如何。

第三，个体决策者偏离道德行为模式的风险会在个体决策者于之前长时间道德地行事后大幅降低。

本研究还发现道德教育会影响所考察的道德动态的所有方面。具体而言，道德教育可提高个体决策者道德行为的总体趋势，降低个体决策者行为模式的不一致性，并强化个体决策者在将来道德地行事的立场。通过一个通用模型，本研究还证明该类影响可全部归因于决定个体决策者行为模式的个体潜在心态的彻底转变。

本章其余内容的结构安排如下。4.2 节介绍道德动态和道德教育有效性的理论背景和假设。4.3 节和 4.4 节对实验研究的设置进行描述。4.5 节对一系列实证分析进行讨论，以全面地描述道德动态的特征。4.6 节对重要的研究结果和启示进行讨论。

4.2　理论背景和假设

4.2.1　道德动态与相关文献

长期以来，道德决策都是众多科学探索领域的核心主题。在过去的研究中，研究者大多以静态的方法考察单个道德决策。换言之，研究者通常假设道德决策过程的结果是彼此独立的。现有研究已证明有多个因素会影响道德决策，包括性格、文化与价值取向、竞争（Hegarty et al.，1978）、情感（Vincent et al.，2013）、目标设定（Schweitzer et al.，2004）和思维方式（Greenbaum et al.，2012）等。

文献已提出多个机制来解释道德决策。

道德脱离理论（moral disengagement theory）提出，个体决策者有时候会做出自身可接受的不道德行为，其会说服自己该行为在道德层面实际上是获得允许的（Shu et al.，2011）。本质上，个体决策者会在不道德行事时因自身道德标准与实际行动之间的差距而体验到认知失调。道德脱离作为自我伺服机制发挥作用，帮助个体决策者辩解自身不道德行为的正当性并使其因此缓解认知失调（Detert et al.，2008）。

自我调节失败是文献中提出的解释不道德行为的另一机制。依据该方面的研究，个体决策者因短期利益而被诱导着不道德地行事。但就道德自我形象而言，道德行为会导致长期的损失。个体决策者通过施加自我控制解决该冲突。如此，自我控制就是支持个体决策者以与其长期利益相一致的方式行事的心理能力。但随着个体决策者不断施加自我控制来抵抗短期诱惑，该能力通常会成为一种被耗尽的资源（Baumeister et al.，1996）。自我调节失败理论表明个体决策者在自我控制能力耗尽时更可能参与不道德行为。

越来越多的行为科学研究不再局限于单次道德决策，而是开始关注道德决策的动态性质（Chugh et al.，2016）。依据这些研究，个体决策者的既往道德决策对后续的道德决策有强影响力。此前研究已发现两种对比鲜明的行为模式。

第一种行为模式：个体决策者可能会表现出道德一致性，参与道德或不道德行为会提高之后参与相同类型行为的可能性。

第二种行为模式：个体决策者可能会表现出道德平衡，道德或不道德地行事会降低之后参与相同类型行为的可能性（Cornelissen et al.，2013）。

此前研究整体上认同一个一般性观点，即个体决策者有维持道德一致性的强烈倾向（Burger，1999；Gawronski et al.，2012）。这一趋势在道德相关情境中也同样适用（Foss et al.，1979）。在参与道德/不道德行为后，个体决策者更可能在之后以相同方式行事，产生一致的行为。心理学文献中已有对道德一致性的多种解释。例如，个体决策者可能因维持自我概念或自我认知的需求而表现出道德一致性。在其他情形中，道德一致性可视为一种决定启发式，帮助个体决策者在道德决策过程中保存认知资源（Albarracín et al.，2000）。

与道德一致性理论相对，道德平衡理论认为，个体决策者的行为偏向于之前行为的反面。在之前的行为为道德行为时，个体决策者会感到"获许可"去参与一些不道德行为以换取个人利益。既往的道德行为可作为个体决策者放松自身的道德斗争并因此参与不道德行为的"道德资质"（Jordan et al.，2011）。在既往行为被视为不道德时，个体决策者可能会觉得有义务参与道德行为以降低通常伴随不道德行为的负面心理影响。这样的现象被称为"道德净化"或"道德补偿"（Tetlock et al.，2000）。依据该方面的研究，"道德净化"发生是因为不道德行为导致个体决策者在评价其道德自我形象时出现情感抑郁。在该情况中，个体决策者有动机通过采取行动改善自身的道德自我形象来缓解这种抑郁，如在机会出现时道德地行事（Sachdeva et al.，2009）。

但在解释供应链社会责任背景下个体决策者在道德决策中可能展现的动态行为模式方面，现有文献仍存在多处不足。

第一，须提出的一点是，文献中所提出的所有概念在本质上均为动态的。该系列研究的核心论点是，研究者在考察个体决策者当前的道德相关行为时不应忽视个体决策者的既往道德相关行为。因此，如果要研究道德一致性与道德平衡，研究者自然需要观察引发道德考量的多个决策，这又隐含性地要求研究者将这些决策和考量限制在循环再现的决策背景中。遗憾的是，现有的实证研究在考察道德动态时都使用了相当琐碎、假想的任务来衡量道德水平。例如，Cornelissen 等（2013）利用假想的分配者博弈（dictator game）来引发不道德行为。在该博弈场景中，被试对象成对安排。被试对象被告知，两名被试对象中的一名为分配者，其将决定如何在自身和另一名被试对象之间分配两人将获得的一笔报酬。事实上两名被试对象均被告知自己为分配者。结果，被试对象如何分配报酬成为道德水平的一个衡量指标——将更多报酬分配给决策者自身代表更不道德的行为。在其他研究中，如 Jordan 等（2011）的研究，被试对象被要求进行一些简单的任务，如进行算术计算。研究者通过允许被试对象有机会作弊或要求他们自我报告任务结果来衡量道德水平。被试对象可夸大其表现来获得更多奖励。还有一些研究并非根据观测到的被试对象行为来衡量道德水平，而是利用心理测量量表从认知上来衡量道德水平（Barque-Duran et al.，2016）。

虽然在纯心理学研究中可接受这样的测量方法，但我们认为，在考察供应链社会责任情境中的道德行为时应考虑更多背景因素。商业中的道德决策通常更为复杂，因为需要同时解释个人和组织因素。供应链社会责任场景中道德决策的主要不同之处在于个体决策者的决策不仅影响其自身，而且还会影响组织及其成员。除了个体特征，组织文化、激励机制以及管理实践等因素都会影响决策。在做出商业决策时，个体需要作为个人和专业人士评估自身。从实践的角度看，相比被试对象在心理实验中经常进行的琐碎任务，在组织场景下的道德决策通常会引发更为严重的后果。现有研究已表明商业决策很可能会向个体决策者施加结果导向的思维方式。例如，Greenbaum 等（2012）提出了盈亏心态或称底线心态（bottom-line mentality）的概念。由盈亏心态主导时，个体决策者很可能会参与不道德行为，因为单维的思维方式优先考虑经济结果，而忽视了其他考虑因素。

第二，现有研究通常仅通过记录特定个体决策者做出的两个连续决策来考察道德动态。它们仅通过观察两个决策之间的潜在行为变化来考察道德一致性和道德平衡的影响。但对于源于当前决策的道德一致性／道德平衡的影响是否会持续而不仅局限于立即发生的下一决策，目前还尚不清楚。此外，从实证角度看，道德一致性／道德平衡的影响可以在观察同一个体决策者的更多决策时得到更好的识别，由此能够在统计分析中同时利用被试对象内和被试对象间的异同。

与仅查看一个或数个连续道德决策的现有实验性研究相比，本研究的实验设计能够观察各参与者做出的多轮决策，且各决策之间间隔相对较长的时间。利用这样的纵向设计，本研究的实验不仅仅可以显示组层面的差异，还可以显示个体层面的异质性。此外，这样的实验设计使得我们能够建立可有效地将前述理论概念和论点转化成数学结构的统计模型，从而进行实证分析。实证性拟合统计模型可产生有关未观测到的参数以及外部因素如何影响道德决策的重要洞见。最后，本研究力求识别可用作管理手段来促进供应链实践中的一致道德行为的因素。

4.2.2　道德动态的三个方面

本部分的目标之一是在一定程度上填补文献中的空白，在供应链社会责任背景下探索道德一致性与道德平衡在道德决策中的潜在作用。本部分考虑了这两种行为模式的内在动态性质，并在现有研究的基础上在供应链场景下检验了相关理论预测。本研究尝试考察道德动态与供应链管理实践切实相关的三个方面。

首先，本研究考察了个体决策者在面临多次道德决策时参与道德 / 不道德行为的总体趋势。

其次，本研究检查了个体决策者在连续道德决策时表现一致 / 不一致的程度（即在道德与不道德行为之间切换 / 不切换）。

最后，本研究描述了个体决策者在过去做出多次道德决策后表现出道德失灵的程度（即个体决策者在偏离道德决策模式并不道德地行事之前可保持多长时间）。

本研究认为，应分开探索这三个方面，因其在解释道德决策过程动态行为模式时有不同的理论 / 实践意义。

第一个方面主要关注个体决策者表现出的道德 / 不道德行为的总体趋势。这样的趋势可视为个体决策者道德水平的总衡量指标。

第二个方面主要关注个体决策者在连续道德决策时的行为模式。如此，道德动态的第二个方面有关个体决策者行为模式的一致性 / 不一致性，与其在道德决策中的总体趋势有着不同的含义。换言之，两个个体决策者可能有相同的参与不道德行为的趋势，但其道德决策中的一致性程度却可能并不相同。长期来看，两个个体决策者会表现出相同的总体趋势。但他们的行为模式可能大为不同，因为一致性程度高的个体决策者在连续的道德决策中从道德行为转变为不道德行为的可能性较低。

第三个方面主要关注个体在未能秉持道德标准并转变为不道德地行事之前能坚持多久。从实践的角度看，供应链管理者可能对特定员工面对通过不道德行为获取一定利益的诱惑时"易屈服"的程度特别感兴趣。在过去道德并一致地行事并不一定意味着个体决策者会在将来的决策中继续这么做。因此，本研究所考察的第三个方面关注个体决策者在过去道德地行事之后表现出"道德失灵"的风险。

道德动态理论表明个体决策者在道德决策中表现出不固定的模式（Chugh et al., 2016）。本研究在此关注道德动态的核心原则及其在供应链管理决策背景下的理论启示。依据这些研究，个体决策者的既往道德决策对后续的道德决策有强影响力（Gneezy et al., 2014）。此前研究已发现两种对比鲜明的决策模式。一方面，个体可能会表现出"道德一致性"，参与道德或不道德行为会增加之后参与相同类型行为的可能性。另一方面，"道德平衡"表明在一次决策中道德或不道德地行事会降低后续再度参与相同类型行为的可能性（Cornelissen et al., 2013）。

4.2.3　长期决策中的道德一致性与道德平衡

综合而言，针对个体既往和当前引发道德考量的决策之间的动态关系，道德动态理论提出了两个截然不同的理论预测。这对促进可持续的与供应链社会责任相关的决策具有重要意义，因为如 Flannery 等（2000）和 Dossa 等（2014）研究者提出的，社会责任的履行从根本上依赖"积极的道德理想"，相继发生的决策受到该道德性的影响。在供应链管理领域，Wu 等（2011）也提出了相似的观点，即企业有关社会责任的决策会引发后续决策，即使这些决策从运营的角度看并不相关。这些研究者同时发现了企业在重复性处理社会责任相关决策时的一致性与不一致性证据。也就是说，企业的决策者可能会在特定决策中更重视社会责任的供应链实践，但在后续决策中重视度下降，由此在长时间中平衡经济结果与环境结果。可以预期该决策模式在很大程度上受到个体员工对道德责任承诺的影响（Ha-Brookshire，2017）。

鉴于在道德一致性与道德平衡基础上产生的截然不同的预测，本研究先提出了两个互斥的假设。

第一，依据道德一致性，个体决策者的前一决策与其当前决策正相关，由此可持续/不可持续的外包决策更有可能跟随着另一相同性质的决策。

第二，道德平衡表明，连续的决策之间负相关，由此，可持续/不可持续的外包决策很可能预示了后续决策为相反的性质（例如，一个可持续的决策会跟随一个不可持续的决策）。

假设 3[①]　个体决策者的前一决策（即符合或不符合道德规范的决策）将更可能引发一个相同性质的后续决策。

---

① "假设 1"和"假设 2"见第 3 章。

假设 4　个体决策者的前一决策（即符合或不符合道德规范的决策）将更可能引发一个相反性质的后续决策。

4.2.4　道德教育的影响

本研究的核心目的是探索长期而言道德教育（即企业频繁向其员工传达供应链实践中的道德标准以促进道德行为）[①] 对个体道德决策过程的影响。如前文所述，道德动态可分解为三个不同的方面：

（1）道德/不道德地行事的总体趋势；

（2）行为模式的一致性/不一致性；

（3）在过去道德地行事后易表现出道德问题的程度。

相应地，道德教育也可能以多种方式影响道德动态。因此，本研究尝试考察道德教育对道德动态各方面的影响。

道德教育可作为改进组织表现的重要管理手段。例如，Barrett 等（2001）发现企业内培训整体上能够提高员工的生产效率。当企业在员工发展方面投资更多时，员工往往会表现得更好，对企业更敬业（Tsui et al.，1997）。Krause 等（1999）通过元分析得出结论——基于行为的道德教育计划能够显著提高企业的安全表现。

多数企业执行正式的管理手段来处理道德问题，包括道德标准（行为准则）（Treviño et al.，1999）。但仅具有道德标准（行为准则）可能并不足以促进道德行为。相反，道德标准（行为准则）可能仅在伴随促进该类标准（准则）实施的管理做法时才会有效（Laczniak et al.，1987）。频繁地传达道德标准，或者说，更普遍地实施道德教育，可作为帮助组织成员内化道德标准、真正在决策时如此行事的重要手段。事实上，现有文献的确已将道德教育确认为促进道德行为的一种有效方法（Melé，2005；Armstrong et al.，2003）。因此，本研究预期道德教育整体上会降低个体决策者在组织内参与不道德行为的倾向。

从员工生产率和员工敬业度的角度看，道德教育可作为改进组织表现的重要管理手段。我们访谈了多位财富五百强公司的供应管理主管/采购负责人，他们也证实了这一观点，他们对道德教育的极大兴趣是本研究探索道德教育长期作用的动机。此前研究已发现一些有关道德教育（或道德培训）对道德决策整体影响的证据。因此，道德教育也是企业道德基础设施的关键组成部分（Rottig et al.，2011）。

[①] 为方便起见，在本书后文中，"道德教育"也指代"频繁传达道德标准"。

在商业背景下，系统性的道德教育有助于在组织内建立道德文化／氛围（Ardichvili et al.，2009）。道德氛围在这里定义为组织成员对道德相关程序、政策和实践的共有认知。这些共有认知具有强化道德行为模式和社会监督的作用，因此会增加不道德行为的成本，从而降低不道德行为的可能性（Zhang et al.，2009；Martin et al.，2006）。因此，道德教育可作为个体决策者决策的指引（Stevens，2008）。

本研究提出，对于社会责任背景下的道德决策，道德教育最终可影响个体决策者（Flannery et al.，2000），因为社会责任问题往往涉及大量的道德考量（de Paula et al.，2000）。此前研究发现，道德教育非常重要，因为其会影响管理者有关环境管理的态度和行为（Sammalisto et al.，2008）。更为重要的是，企业可能需要恰当的道德教育来确保社会责任相关措施不仅必须得到执行，而且必须能够长时间持续（Sarkis et al.，2010）。企业通常依赖道德教育计划来支持履行社会责任的道德实践，因此我们认为，长期而言，道德教育会在整体上提高企业社会责任表现。

假设 5　已接受道德教育的个体决策者参与不道德行为的可能性要更低。

虽然现有文献已提供一定证据表明道德教育促进道德行为的整体有效性，但是对于道德教育是否／如何影响个体道德决策过程的一致性／不一致性，目前仍不清楚。现有研究几乎没有考察道德教育长期来看如何影响道德决策。

相关研究表明，系统性的道德教育有助于在组织内建立道德文化／氛围。道德氛围（组织成员对道德相关程序、政策和实践的共有认知）进而与更低的不道德行为概率相关联。此外，还有研究表明，员工在接受道德教育后往往会对不道德行为更警觉。Rest（1986）提出，道德意识是道德决策过程的第一个阶段，个体决策者在该阶段确定眼前的问题是否会引发道德问题。频繁地传达道德标准可能会对个体道德意识的敏感性有积极的影响，因为它会增加觉察道德可疑行为的概率（Rottig et al.，2011）。道德意识进而可作为个体决策者参与可能会引发道德考量的决策时抵抗不道德行为的持久阻碍（Tenbrunsel et al.，2008）。

此外，系统、反复的道德教育会增加个体决策者的道德标准的曝光度。通过反复曝光，个体决策者更有可能真正地内化这些标准，因为重复通常与学习和记忆保持正相关（Zajonc，1968；Zajonc et al.，1974）。频繁传达道德标准可能会对个体的道德行为模式产生强化作用。如此，个体决策者更可能在更长期限内以一致的方式道德地行事，而不表现出道德失灵（即在过去道德地行事后转变为不道德地行事）。

综合考虑，我们认为道德教育将在促进道德决策的一致性上发挥重要作用。道德教育还可以使个体决策者通过对道德标准的学习和记忆来维持道德行为模式。因此，道德教育不仅会在整体上促进道德行为，还会使个体决策者以一致的模式行事。随着时间推移，个体决策者可通过道德教育真正地内化道德标准，在引发道德考量的决策中采用一致的行为模式。在该情况下，个体决策者将不再容易出现道德失灵，因为其已在既往的道德决策中形成道德决策模式。

假设 6　获得道德教育的个体决策者更可能以一致的方式道德地行事。

假设 7　获得道德教育的个体决策者在过去道德地行事后更不容易表现出道德失灵。

4.3　实验设计概述

与个体决策者道德行为相关的研究已使用多种不同的方法来采集信息。要探索道德决策的动态性质，自然需要观察个体决策者在供应链管理背景下展现的大量连续行为。但在实践中，我们通常难以重复性地观察和记录一定时间内的系列个体行为。因此，几乎没有相关研究利用二手数据，而 Pierce 等（2008）的研究是一个例外。在该研究中，研究者使用了一个独有的数据库，其中包含了为不同组织工作的车辆排放检查员的行为。由于有些检查员在数据采集期间更换雇主，研究者得以检查这些检查员在跳槽到有不同道德氛围的新组织后道德行为有什么变化（基于其检查车辆的通过率）。与基于二手数据的方法不同，实验法并不依赖现有的数据来源，而是创建一个模拟的环境记录个体决策者的行为。

此外，同其他使用观测法的研究一样，利用二手数据的一个不足之处在于研究者仅有有限的能力影响数据生成过程以考察干预手段如何影响结果。因此，研究纵向现象的个体决策者层面时，很少使用二手数据。但实验法为研究者提供了对一系列指定因素的直接控制方法，可直接检查这些因素对结果的影响并相互比较。因此研究者能够以更为直接的方式检查因素与结果之间的关系，且更能识别可实践应用的有效管理手段（从实践角度来说更为重要）。

数据收集和变量操控的相对简单性使控制型实验法成为道德研究中最常采用的数据收集方法（Schweitzer et al., 2004；Mazar et al., 2008；Kouchaki et al., 2013）。但该方法存在一些潜在的不足之处，需予以谨慎处理。为观测道德决策过程的连续结果，研究者需要跟踪同一群个体决策者，观察他们做出的一系列决策。这种实验方法有别于现有道德动态研究中所用的仅记录每名被试对象两轮决策的主流方法（Barque-Duran et al., 2016）。增加更多轮决策会触发一定的学习效应，被试对象会开始预测研究者的意图。

如果社会期许随着被试对象做出更多决策而变得明显，该潜在问题会变得更严重。现有研究一般利用"填充任务"来处理数据采集中的该类潜在偏误。例如，一个两阶段设计要求被试对象回答两轮焦点问题（和／或完成两轮焦点任务）。在该类情况中，实验会要求被试对象在两轮之间完成填充任务。这些任务与焦点问题（在本情况中，为道德相关问题）完全无关，由此可作为"干扰项"。

虽然控制型实验法在文献中得到广泛认可，但这种方法可能在本研究场景下效果并不理想。首先，使用填充任务的有效性并未得到充分评估，对填充任务的设计并无通用的指南。现有研究中需使用填充任务，通常是因为决策之间的间隔时间较短。但如果多轮决策也依赖填充任务，可能会显著降低其隐藏研究真实目的的有效性。据作者所知，Barque-Duran 等（2016）的研究是唯一一项考察两轮以上道德决策相关连续行为的研究。在设置轮（阶段 0）后，研究者收集了五轮道德行为相关信息。该设计导致共有四轮填充任务。在记录更多轮道德行为时使用更多轮填充任务的有效性存疑。首先，随着被试对象开始看到实验设计中的重复模式，他们会发觉实验的真实目的（即观测道德决策）。其次，传统的对照实验方法可能无法产生足够的真实度，因为它们要求被试对象在单个实验环节实际允许的较短时间中完成多项任务。例如，Barque-Duran 等的研究实验给被试对象分配了至多 40 分钟的时间来完成整个环节。但在商业实践中，个体可能从来都无须在短时间内在不同决策中重复高强度的道德考量。从这个意义上说，对于道德决策之间的动态影响是否会在商业决策之间长期存在（例如一周），文献并未给出明确答案。

4.3.1　实验设计

为解决上文所述的潜在挑战，本研究提出了一种全新的实验设计，不依赖道德决策之间的填充任务。相反，本实验设计依赖更长的决策间隔时间，来更好地分离道德决策，并因此能更好地模拟现实中的供应链管理实践。

本实验贯穿商科专业本科生某课程的一个常规学期。课程环境保证了学生参与者可在更长时间内保持参与，以便跟踪他们连续的行为。为确保被试对象用心参与，实验分解为多轮，各轮所需精力很少，并向被试对象给予课程学分（以及潜在的金钱奖励）。万一学生选择不参与，课程还提供了其他作业作为替代。实验开始前，学生被告知实验由一个研究组开展，其授课老师并不在其中。因此，授课老师不会以任何方式或形式有权限查看学生的匿名回答（即实验设计中的决策行为）。研究组将根据学生的参与直接授予课程学分。但学生在实验中做出的具体决策不影响他们获得学分。

参与者可获得的金钱奖励与其在实验期间所做出的"不道德决策"数量直接相关。每一个不道德决策将产生 2 美元的奖励。"道德决策"不会产生任何金钱奖励。例如，在实验中选择做出 3 个不道德决策和 7 个道德决策的参与者将获得总计 $2 × 3 = $6 的金钱奖励。实验还告诉参与者，其须在整个学期中完成所有轮次的决策，这样才符合获得学分 / 奖励的条件。须指出的是，完成实验项目每周所需的时间不超过 5 分钟。另外，实验还告诉参与者可用个人计算机或移动设备简单地通过软件 Qualtrics 上报其回答。

1. 实验情境介绍

实验设计基于一个供应链情境，参与者首先阅读以下材料。

We wish to thank you for participating in this business decision-making encounter. The purpose of your participation is to study how individuals effectively manage projects. As in real-life practices, the successful completion of a business project involves making multiple decisions that are either related or independent to each other. It also requires managers to constantly pay attention to the overall progress of the business in order to achieve better performance.

非常感谢您参加本项商业决策实验。您参与的目的是研究个体如何有效地管理项目。与现实生活一样，成功完成一个商业项目涉及彼此相关或独立的多次决策，而且还要求管理者们持续关注业务的总体进展以实现更好业绩。

In this semester-long encounter, you will act as the head of supply management（more like in charge of purchasing）who needs to make contract decisions. Each week, you will be exposed to new information regarding ongoing projects and asked to make corresponding decisions. Please note that you will need to **participate in each and every week** in order to complete the entire encounter and receive course credits. If you forget to or choose not to participate during the week before the deadline, you will NOT be able to continue the rest of the encounter.

在本项将持续整个学期的实验项目中，您将担任供应管理主管（更像采购负责人），需做出有关合同的决定。我们每周会提供有关进行中项目的新信息，并要求您做出相应的决策。请注意，您需要**每周参与**以完成整项实验并获得学分。如果某周忘记参与或于截止日期前决定不参与，则将无法继续剩余部分实验项目。

But do not worry—you will only need to spend no more than 5 minutes every week in order to progress with the encounter. All you need to do each week is to read several short paragraphs that contain new information and answer very few questions related to the decision at hand.

但无须担心——您每周仅需花不超过 5 分钟的时间完成实验项目。您每周需要做的就是阅读几个包含新信息的简短段落，然后回答几个有关即将发生的决策的问题。

The first question you will be exposed to will be about the material you read in that respective week. The purpose of this question is to ensure that you read the material carefully and you are well-informed before making the decision. The question will be in true/false format and extremely straightforward. You will need to answer it correctly in order to proceed.

第一个问题将围绕您在相应周所阅读的材料。该问题的目的是确保您仔细阅读了材料，并在决策之前获得了充分信息。问题是判断题，且非常直截了当。正确回答该问题后才能继续。

Please note that you will be graded based on your answers to these questions. In other words, how many course credits you will receive will depend on the series of these questions. Please make sure that you answer these questions correctly with your first attempt. Failing to answer them correctly the first time will be seen as not paying attention to the material and therefore will result in zero credit for that week. Again, the questions will be very simple if you read the material carefully enough.

请注意，我们将根据您对这些问题的回答打分。换句话说，作为课程成绩组成部分，您将获得的学分取决于此系列问题。请确保第一次就正确回答这些问题。第一次未能正确回答问题将被视为未重视材料，因此会导致该周的学分为零。再次说明，如果您足够仔细地阅读了材料，问题会非常简单。

The second and third question will pertain to your decision, given the information that is furnished. The final decisions you make will collectively determine your performance as a manager in this encounter. The final decisions you make will NOT affect how many course credits you will receive. **However, you will receive cash reward of up to $20 based on how you perform（more explanations provided below）**.

第二个和第三个问题与您的决策有关，并基于所提供的信息。您做出的所有最终决策将共同决定您在本实验项目中作为管理者的表现。但您做出的最终决策不影响获得学分的多少。**但根据表现，您会获得最高 20 美元的现金奖励（更多解释请参见下文）。**

We assure you that **all your responses will remain confidential** and only available to the lead principal investigator. We have no interest in sharing your individual responses or identifying you to any external party. Therefore，your anonymity will be under strict protection.

我们向您保证，**将对您的所有回答保密**，仅主要研究负责人可查阅。我们无意分享您的答案或将您的身份告知任何外部人员／组织。因此，您的匿名性将得到严格保护¹。

The material you will see each week is randomly assigned. In other words，the material you see will be different from other participants'. We would ask that you **please refrain from discussing this exercise with other people throughout the semester**, **including your fellow students**.

您每周收到的材料随机分配。换句话说，您看到的材料与其他参与者的不同。我们要求您，**整个学期期间，请勿与其他人员讨论本实验，包括同学**。

Please answer the following questions correctly in order to proceed.

在继续之前，请先正确回答以下问题。

• （True/False）I do not need to participate in the exercise every week in order to be qualified for completing the entire exercise.

（对／错）我无须每周参加实验以达到完成整项实验的资格。

• （True/False）I can still continue to participate in the exercise and receive course credits even if I miss the deadline in a given week.

（对／错）即使在某个周错过截止日期，我仍能够继续参加实验并获得课程学分。

• （True/False）The course credits I receive will depend on how I answer the first question each week regarding the reading material. In order to receive the credits for the week，I need to answer the corresponding question correctly in my first attempt.

（对／错）我获得的课程学分取决于我每周对有关阅读材料的第一个问题的回答。

为获得该周的学分，我需要第一次就正确回答相应问题。

- （True/False）I only need to spend a little time（about 5 minutes）every week. But it is important that I participate every week on time.

（对/错）我每周仅需要花一点点时间（约5分钟）。但每周按时参加非常重要。

- （True/False）The number of course credits I receive will depend on the exact decisions I make every week as well.

（对/错）我获得的课程学分取决于我每周做出的决策。

- （True/False）The decisions I make every week has nothing to do with the course credits. However, they will determine my performance in the encounter and hence the cash reward I will receive at the end of the semester.

（对/错）我每周做出的决策与课程学分无关。但它们将决定我在该项实验项目中的表现以及在期末结束时获得的现金奖励。

- （True/False）My decisions will not be anonymous so it is OK if I discuss it with other people.

（对/错）我的决策不是匿名的，所以我可以与其他人讨论这些决策。

In this encounter, you are assuming your role as head of supply management at TW Inc., a large company that specializes in supplying transmissions to major automobile makers. The supply management department coordinates with other departments and external suppliers so that the company will have required components and parts in due time to assemble automobile transmissions and sell them to the customers.

在本项实验中，您担任泰湾公司的供应管理主管。泰湾公司是一家专门为大型汽车制造商供应变速器的公司。供应管理部门与其他部门和外部供应商协调合作，以便公司能够及时获得所需的零部件来组装汽车变速器，并将其出售给客户。

Your company just won a lucrative contract to produce about 1 million auto transmission systems for a major customer. Everyone in the company is excited about this business opportunity as it will greatly increase TW Inc.'s profitability in the coming years. As an employee, you expect that the company will give a large bonus in addition to your regular salary. **Needless to say, how much your will receive as a bonus will depend on your performance.**

贵公司刚获得一份利润丰厚的合同，为一家大客户生产约 100 万套汽车变速器系统。公司所有人都为这个业务机会感到激动，因为这能够大幅提高泰湾公司未来数年中的盈利能力。作为员工，您预计公司会在常规工资的基础上再给您一笔大额奖金。**不用说，您能获得的奖金金额取决于您的业绩。**

The direct supervisor is the one who ultimately evaluates the performance of his/her subordinates. In your case, as head of supply management, your performance will be directly reviewed by the Chief Operations Officer（COO）at TW Inc. TW Inc. is a traditional manufacturing company whose major costs come from sourcing raw materials and parts. Therefore, your performance will be largely determined by whether you can effectively control the purchasing costs. In other words, you will receive a better performance evaluation, and hence a higher cash bonus, if the purchasing costs of components and parts are reduced. In contrast, you will receive a bad evaluation and little cash bonus if the costs cannot be reduced.

直属上司将最终评估其下属的业绩。对您而言，作为供应管理主管，您的业绩将直接由泰湾公司首席运营官（COO）评审。泰湾公司是一家传统的制造企业，公司主要成本是原材料和零件的采购费用。因此，您的业绩将主要由您能否有效地控制采购成本来决定。换句话说，如果零部件的采购成本降低，您的业绩评估结果会更好，您便能获得更高的现金奖金。相反，如果成本无法降低，您的业绩评估结果会比较糟糕，您就只能获得少量现金奖金。

Your COO has informed you that the cash bonus will be calculated based on the amount of reduction in total purchasing costs you achieve for TW Inc. Therefore, there will be no bonus assigned to you if you do not achieve any cost reduction. For each \$1 million reduction in purchasing costs, you will receive a personal bonus of \$1000. It is not difficult to save TW Inc. millions of dollars in total purchasing costs because the company will produce about a million transmissions in the next few years. Thus, a small cost reduction of unit purchasing costs will be multiplied by 1 million and translates into a large reduction in total costs. For example, if you manage to lower the unit purchasing costs of a particular component by \$10, TW Inc. will save \$10000000 on purchasing this component in total（\$10 per unit × 1000000 units）. Accordingly, you will receive a personal bonus of \$10000（\$10000000÷1000000 × \$1000）. Remember, you will have multiple opportunities of achieving cost reduction because TW Inc. will need to purchase many components and parts.

首席运营官已告知您，现金奖金将根据您为泰湾公司节约的总采购成本金额计算。因此，如果未实现任何成本节约，您就无法获得奖金。采购成本每降低 100 万美元，您将获得 1000 美元的个人奖金。由于泰湾公司将在未来数年生产约 100 万个变速器，所以总采购成本降低数百万美元并非难事。因此，单位采购成本的小额节约乘以 100 万，便可使总成本得到大额降低。例如，如果能将特定部件的单位采购成本降低 10 美元，泰湾公司采购该部件总计可节约 1000 万美元（每个 10 美元 ×1000000 个）。您便可因此获得 1 万美元的个人奖金（10000000 美元 ÷1000000×1000 美元）。请记住，您会有多个实现成本节约的机会，因为泰湾公司需采购很多零部件。

As participant of this business encounter, you will potentially receive a real cash reward at the end of the semester according to the personal bonus calculated as above. The bonus you receive as head of supply management will be converted to a cash reward by a ratio 1∶10000. For example, if you receive a bonus of $150000, the cash reward you will obtain at the end of the semester will be $15（$150000÷10000）. The maximum amount of cash reward will be capped at $20. Therefore, if you receive a total bonus of more than $200000, your cash reward will be $20.

作为本项商业实验项目的参与者，根据如上文所计算的个人奖金，您可能会在学期结束时获得真正的现金奖励。作为供应管理主管，您收到的奖金将按 1∶10000 的比例转化成现金奖励。例如，如果收到 15 万美元的奖金，在学期结束时，您获得的现金奖励为 15 美元（150000 美元 ÷10000）。现金奖励的最高金额上限为 20 美元。因此，如果您的总奖金超过 20 万美元，最终的现金奖励仍为 20 美元。

2. 决策任务

实验由多轮决策任务组成。在各轮中，实验向参与者展示一个供应管理决策情境，其中，参与者作为决策者需要做出一个商业决策。参与者可不道德地行事，获取个人报酬和实现公司利益，或者道德地行事，放弃获取个人报酬和实现公司利益的机会。实验共编写了 12 个决策情境，每个决策情境都来源于 Giannakis 等（2016）总结的供应链社会责任中涉及的道德风险情境。在编写后，我们进行了一轮预测试，以便选出在主研究中使用的 10 个最好的决策情境（参见附录 B）。决策情境的选择基于决策情境是否引发了参与者相似水平的心理影响与道德感知。这样的标准可帮助我们排除一些干扰，即排除那些由决策情境本身性质导致的显著变化，而非道德动态影响引起的行为模式变化。该预测试共采集到 61 个回答。

3.测量值

预测试使用三个问卷测量项目来评估各情境：

（1）你有多大可能［参与不道德行为］（量表，从"极为可能"到"极不可能"）？

（2）根据你的认识，你认为［参与不道德行为］的道德程度如何（量表，从"极不道德"到"极为道德"）？

（3）你如何描述在阅读材料和评估自身决策时的感受［量表，从"非常困扰 / 恼怒（0）"到"非常舒服 / 高兴（100）"］？

在预测试中，我们目检了预测试参与者针对各问题项目所报告的总评分，决策情境3 和 9 因为与其他决策情境的评分有较大差异而被删除。而后，我们对选出的 10 个决策情境进行了方差分析（ANOVA）。结果表明这些决策情境并未引发参与者在统计上差异显著的心理影响水平或道德感知水平（F 统计量的对应 p 值分别为 0.7410、0.2681 和0.1897）。

为确保参与者充分理解决策情境并做出明智、深思熟虑的决策，实验中，我们向参与者提出了一个有关决策情境文本中所包含的某些基本信息的简单问题（标记问题）。在正确回答标记问题后，要求参与者决定是否参与相应文本中所提及的不道德行为。各轮决策前，我们会提醒参与者其做出的实际决策将保持匿名，不会影响获得的课程学分。但必须正确回答标记问题才能继续。参与者多次回答错误标记问题会导致学分被扣，因为这样的行为表明相应参与者对实验材料阅读得不够细心、未集中注意力。实验还会提醒参与者必须完成每一轮实验项目才会有获取学分的资格，学分到学期结束才会授予学生。

我们在实验第一轮开始前收集了参与者的基本信息。而后在整个学期期间进行了10 轮实验，约每周 1 轮。决策情境按以下顺序随机分配（决策情境编号参见附录 B）：5、8、6、2、7、10、1、12、4、11。我们对实验目的进行了掩饰以避免被预测到。出于激励相容目的，每次参与者选择参与会导致个人及公司获益的行为时，我们会告知参与者：实验人员会在学期结束时给予其小金额的奖励（每个决策 2 美元）。每位参与者会被分配一个独有的 ID，在之后用于构建时间序列数据库。实验最后一步是最终问卷，要求参与者报告其决策背后的主要动机，并用自己的语言说明其行为的理由。

4.实验变量

实验变量包括操控个体获得的道德教育水平以及其获得道德教育之后与道德相关的意识。具体而言，参与者被分为对照组和实验组。实验组的参与者在开展实验的课程期间受到供应链管理道德教育。在为期 10 周的实验期间，我们向其以不同方式反复传达供应链实践中的道德标准。

第一，有专门的课程模块讨论道德的供应链实践，持续约 3 个课时。

第二，除了专门的课程模块，参与者还会观看有关假冒仿造和使用童工的视频，视频时长 1.5 小时。而后要求参与者写一篇读后感并在一周后提交。

第三，有些考试问题（判断题和论述题）与道德相关。

第四，要求每名参与者回答一系列与某一案例研究有关的论述题，该案例涉及在道德上存在问题的供应链管理事例。还要求参与者写一篇有关如何在组织内建立道德基础设施的小论文。

第五，在开展研究的课上，授课老师每周会讨论与道德有关的现实商业案例，会讨论每个案例的重要启示，尤其是其中所涉及的道德两难困境。在讨论后，老师会在课程网站上发布案例材料。

该实验设计的总体目标是模拟企业频繁向其员工提供各种形式的道德教育的现实情况。

对照组的参与者未接受任何这样的实验设计。

4.4 实验设置

4.4.1 取样

实验在一所美国的重点大学进行。参与者招募自报名参加"运营管理"和"采购管理"课程其中一门的商科本科生群体。

样本采集自学生群体主要是出于实际考虑。

首先，本研究设计的性质要求参与者回答共 12 份问卷（1 份实验前问卷、10 个决策情境中的 10 份问卷，以及 1 份实验后问卷），时间跨度达到 12 周。将非学生群体作为实验的参与者（如通过在线问卷调查实现）可能会导致随实验继续而出现极高流失率的情况（参与者中途退出）。将学生作为实验的参与者更可能达到合理的低流失率，因为能够经常性地通过群发邮件和／或在班级内进行公告提醒参与者完成调查。

其次，学生更容易激励，无论是从降低流失率而言，还是从提供足够经济刺激以要求他们根据自身"真实"行为模式做出决策来说。而如果选择正在工作的执业者为参与者，他们可能会担心其就职组织发现其在实验中的不道德行为，也就会担心因此产生潜在不良后果。在课堂环境中，可使用课程学分作为激励参与者参与和继续研究的手段。告知学生，如果完成整个实验（即 12 周中的所有任务）（且仅在该情况下），他们会获得一定数量的课程学分。另外，获得的课程学分不受其在实验期间所做出实际决策的影响。在 12 个任务全部完成后，学生将按参与情况获得学分。此外，我们还告诉学生，他们可能会在研究结束时获得金钱奖励，金钱奖励取决于其在 10 个决策情境中做出的决策类型（详情参见 4.3 节）。

最后，也是最重要的一点是，将学生群体作为参与者给我们提供了频繁教授供应链管理道德标准的天然机会。如 4.3 节所述，在整个课程期间，我们以多种方式向实验组学生传达道德标准。如此多方位的传达方法可视为对组织环境中道德教育的模拟。如果对其他群体开展研究，这样的道德教育可能非常难以实现。

共有 118 名学生（对照组 37 名，实验组 81 名）参加了本实验的"前端"部分。该期间，我们要求学生提供个人信息和阅读实验设置材料。在这些学生中，有 107 名学生（对照组 35 名，实验组 72 名）最终完成了整个实验。总流失率为 9.32%（对照组为 5.41%，实验组为 11.11%）。因此，用于实证分析的最终数据源于 107 名学生。每名学生产生了时长 $t=10$ 的时间序列数据。

表 4.1 总结了样本的重要人口统计学信息。大部分参与者的年龄为 20 ～ 22 岁。样本中，107 名参与者中有 44 名（41.12%）为男性，有 63 名（58.88%）为女性。

表 4.1　样本的重要人口统计学信息

变量	类别	数量／名	百分比
性别	男	44	41.12%
	女	63	58.88%
年龄	≤20 岁	2	1.87%
	20 ～ 22 岁	96	89.72%
	22 ～ 30 岁	9	8.41%

变量	类别	数量 / 名	百分比
	亚裔	8	7.48%
	非裔	4	3.74%
种族背景	外国公民	4	3.74%
	拉丁裔	15	14.02%
	太平洋岛屿等	1	0.93%
	欧裔	75	70.09%
	不超过 $24999	8	7.48%
	$25000 ~ $49999	8	7.48%
	$50000 ~ $74999	8	7.48%
家庭收入	$75000 ~ $99999	15	14.02%
	$100000 ~ $149999	19	17.76%
	$150000 ~ $199999	16	14.95%
	$200000 及以上	33	30.84%

平均而言，参与者在 10 个决策情境中做出了 3.75 个不道德决策。因此，参与者获得的平均金钱奖励为 $7.5。但不道德决策数量的标准差达到 2.25 个，表明参与者做出的决策存在相当大的差异。图 4.1（a）描述了参与者在整个实验中所报告不道德决策数量的总体分布。图 4.1（b）则绘制了实验组与对照组的分布密度。实验组的参与者（即接受道德教育的参与者）参与的不道德行为更少，因为该组的分布密度总体更集中在较低水平（与对照组的分布密度相比）。

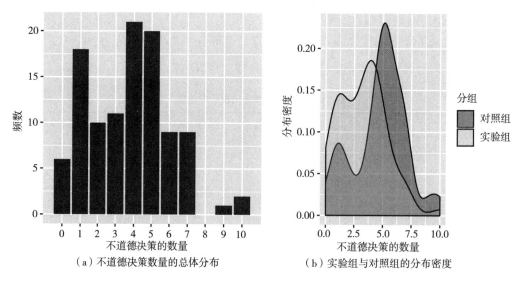

（a）不道德决策数量的总体分布　　　　（b）实验组与对照组的分布密度

图 4.1　不道德决策的概率分布

4.4.2 研究目的与主要实验变量

本研究的主要目的是检查供应链管理中道德决策的动态特征。本研究提出，有三个对个体决策者行为模式的考察非常关键的方面：

（1）个体决策者表现出不道德行为的总体倾向；

（2）个体决策者行为一致/不一致的概率；

（3）个体决策者在有道德行为的既往历史时易偏离道德行为的程度（即个体决策者在做出一系列道德决策后表现出道德失灵的可能性）。本研究进行了多组分析来考察这些不同但相关的方面。

为直接分析对应的道德决策动态特征，需要建立一系列专门的统计模型。这些分析的主要目标是从结构上描述个体决策者如何在一系列供应链管理相关决策中表现出其动态行为模式。大体上，本研究的模型主要围绕以下三个方面建立：

（1）个体决策者参与不道德行为的总体概率；

（2）个体决策者在连续决策之间表现一致/不一致的概率；

（3）个体决策者在违反道德标准前道德地行事的持续时间。

以上概率和持续时间在个体决策者之间可能存在差异。道德教育为本研究关注的核心变量，预期其对估计的结果有显著影响。解释该异质性的一种合理方法是扩展统计模型，使其能够在加入特定协变量的情况下估计条件概率。为避免实证分析中出现任何不一致性，每个提出的模型均将输入相同的变量。

在模型拟合过程中，本研究将纳入多个协变量来解释实验参与者间，以及对照组和实验组之间的异质性。在本实验设置中，依据现有研究可知，有多个个体特征（性别、年龄、宗教信仰、种族背景和家庭收入）可能会切实影响观测结果的生成过程（Cagle et al.，2006）。虽然现有研究还未专门探索这些个体特征是否/如何影响道德动态，但其很可能有着重要的作用，因为此前研究已发现这些特征整体上可能与道德决策相关（McCullough et al.，2005；Muncy et al.，1992）。在本研究的实证分析中，实验参与者的种族按白人/非白人分组以避免数值不稳定；宗教信仰通过问题"我会将自己描述为信仰宗教的人"［按"强烈不同意"（1）到"强烈同意"（7）评定］进行衡量。

在分析所考察的变量时，道德教育（频繁传达道德标准）因素尤为重要。具体而言，在实践中，道德教育可能可以成为促进企业内道德决策的有效管理手段。在本实验研究中，频繁传达道德标准被设计为一种预先分配的操控手段，仅实验组（与对照组相对）的个体决策者会在研究过程中获得该信息传达。借此，实验模拟了一种现实情景，即员工通常会参与各种有关供应链管理道德行为的讨论／思考。本研究构建了一个指示变量并将其输入统计模型，对于对照组的参与者，Treatment=0；对于实验组的参与者，Treatment=1。因此，该指示变量的对应模型系数代表了实验变量（道德教育）的效用。

4.5 实证分析

本节将讨论三项实证分析，分别对应供应链社会责任情境中动态道德决策的三个方面。本研究针对各分析建立专门的统计模型以直接反映独特的数学结构。各统计模型将在以下各小节进行讨论。本章4.6节将讨论获得的实证结果。

4.5.1 参与不道德行为的总体趋势

本研究的第一步是检查个体决策者参与不道德行为的总体趋势。如之前章节所述，现有研究一般仅关注单次道德决策。本研究则观测既定个体决策者的多次决策，可视为对个体决策者道德性的重复测量。因此，本项实证分析的目标就是考察个体决策者在长时间中面临多项决策时参与不道德行为的总体趋势，而非个体决策者单次决策的行为倾向。

如上文所探讨的，个体决策者的既往供应链管理决策可能会影响将来的决策。考虑两种均致力于考察供应链管理者参与不道德行为的倾向的研究设计：第一种设计仅观察个体决策者在研究中做出的单次决策；第二种设计记录了同一个体决策者做出的多次决策。乍一看，这两种设计在尝试解答同一个问题（即考察个体决策者道德／不道德行事的可能性）。但第二种设计由于是重复观察，可提供更为准确的估计。第一种设计无法解释连续决策之间的动态关系（即道德一致性和道德平衡），因为其并未观测该纵向信息。在该方面，第二种设计在考虑各供应链管理决策可能已受到之前供应链管理决策影响的情况下，提供了对个体决策者不道德地行事的可能性的略微不同的估计，即个体决策者参与不道德行为的总体可能性。

1.实证策略

本研究的首项实证分析尝试利用实验参与者做出的一系列道德／不道德决策来考察参与者参与不道德供应链管理行为的总体趋势。用 $D_{i,t}$ 代表个体决策者 i 在决策轮 t 的决策，如果个体决策者 i 在该轮不道德地行事，则 $D_{i,t}=1$；如果其道德地行事，则

$D_{i,t}=0$。这里使用 Probit 模型，因为因变量为分类变量。为进一步解释个体决策者的特定变异情况（因此个体决策者做出的连续决策不一定彼此独立），估计得到包含个体随机效应的 Probit 模型[①] 如下。

$$D_{i,t}^{*}=\mathbb{1}\left\{\boldsymbol{x}_{i,t}'\boldsymbol{\beta}+\alpha_i+\varepsilon_{i,t}\geqslant 0\right\} \tag{4-1}$$

其中，$\mathbb{1}\left\{s_{i,t}\in S\right\}=\begin{cases}1, & s_{i,t}\in S \\ 0, & s_{i,t}\notin S\end{cases}$，$\boldsymbol{x}_{i,t}$ 是个体决策者 i 在决策轮 t 中观察到的各变量组成的向量，α_i 表示个体随机效应。

2. 实证结果与假设检验

表 4.2 总结了两个 Probit 模型的结果。不含个体层面随机效应的模型（合并模型，即表 4.2 中的 pooled）表明在实验过程中女性更可能参与不道德行为（$\beta_{\text{pooled}}=0.1790$，$p=0.0302$）。但在模型中纳入随机效应（即表 4.2 中的 random-effect）后，性别差异消失了（$\beta_{\text{random-effect}}=0.1912$，$p=0.1227$）。在两个模型中，宗教信仰程度均与参与不道德行为的概率呈负相关关系（$\beta_{\text{pooled}}=-0.0543$，$p=0.0066$；$\beta_{\text{random-effect}}=-0.0601$，$p=0.0459$）。当个体决策者认为宗教信仰在其生活中有重要意义时，其在研究中参与不道德行为的可能性会降低。

表 4.2　两个 Probit 模型的结果

	pooled	random-effect
（Intercept）	−0.1532（0.3605）	−0.1573（0.5385）
实验变量（道德教育）	−0.3921（0.0853）***	−0.4234（0.1290）**
年龄	0.0589（0.1309）	0.0647（0.1952）
性别（女性）	0.1790（0.0826）*	0.1912（0.1239）
宗教信仰程度	−0.0543（0.0200）**	−0.0601（0.0301）*
种族背景	−0.1428（0.0984）	−0.1504（0.1468）
家庭收入	0.0009（0.0226）	−0.0004（0.0338）
Sigma		0.6217（0.0927）***
Log-Likelihood	−689.3311	−674.2392
N	1070	1070

注：$^{\dagger}p<0.10$；$^{*}p<0.05$；$^{**}p<0.01$；$^{***}p<0.001$。

假设 5 认为已接受道德教育的个体决策者参与不道德行为的可能性要更低。我们在

---

① 请注意，对于本文的实验设置，固定效应模型不可行，因为估计过程中引入的协变量不随时间改变。

两个模型中均发现了道德教育效应存在的有力证据。对于在研究课程期间接受道德教育的实验组参与者，其参与不道德行为的总体概率要显著更低（$\beta_{\text{pooled}}=-0.3921$，$p<0.001$；$\beta_{\text{random-effect}}=-0.4234$，$p=0.001$）。换言之，在个体决策者频繁受到道德教育时，他们违反道德标准的可能性更低。

3. 模型扩展与结果的稳健性

我们引入连续决策之间可能存在的跨期相关性，进而对上述模型进行拓展。由于供应链管理者当前的决策可能会受到之前决策的影响，所以忽视这一潜在的动态关系可能会导致模型误设。要在上述包含个体随机效应的 Probit 模型中纳入动态关系，一种自然而言的方法是在等式右侧加入一个滞后因变量（$D_{i,t-1}$）。但因为"初始条件问题"，估计这样一个模型存在统计与计算上的困难（Wooldridge，2005）。模型的动态性质给似然函数加入了一个递归结构，以初始观测值（$D_{i,1}$）为条件。因此，需对初始观测值专门建模，即使这些值也受个体随机效应 α_i 的影响。依照 Heckman 的研究，将模型建立为两部分：

$$D_{i,t}^{*} = \mathbb{1}\left\{\gamma D_{i,t-1} + x_{i,t}'\boldsymbol{\beta} + \alpha_i + \varepsilon_{i,t} \geq 0\right\}, t>1 \qquad (4-2)$$

$$D_{i,1}^{*} = \mathbb{1}\left\{z_{i,1}'\boldsymbol{\pi} + \theta\alpha_i + \varepsilon_{i,1} \geq 0\right\}, t=1 \qquad (4-3)$$

其中，$z_{i,1}$ 是个体决策者 i 在首轮决策中的协变量向量；$\boldsymbol{\pi}$ 表示影响个体决策者在首轮决策中选择道德 / 不道德地行事的概率的对应模型系数向量；α_i 代表个体随机效应，允许其通过尺度参数 θ 对初始决策产生不同的影响（与之后的决策相对）。

可通过最大化似然函数来估算模型：

$$L(\boldsymbol{\Psi}) = \prod_i \int_R \Phi\left[\left(z_{i,1}'\boldsymbol{\pi} + \theta\alpha_i\right)\left(2D_{i,1}-1\right)\right] \prod_{t=2}^{10} \Phi\left[\left(\gamma D_{i,t-1} + x_{i,t}'\boldsymbol{\beta} + \alpha_i\right)\left(2D_{i,1}-1\right)\right] \mathrm{d}\Phi\left(\frac{\alpha_i}{\sigma_\alpha}\right) \quad (4-4)$$

其中，$\Phi(\cdot)$ 代表标准正态分布的累积分布函数；σ_α 是个体随机效应 α_i 的标准差；$\boldsymbol{\Psi}$ 包含模型中待估计的所有自由参数。

模型的进一步拓展是允许误差项 $\varepsilon_{i,t}$ 之间存在跨期相关性。如此，模型能够解释未观测到的变异（在对个体层面随机效应进行控制后）与之前一轮中未观测到的效应共变的可能性。遵循 Hyslop（1999）的做法，用 $\rho \in [-1,1]$ 代表误差项 $\varepsilon_{i,t}$ 之间的跨期相关性。对于 $t \geq 2$，误差项之间的跨期相关性可用 $\varepsilon_{i,t} = \rho\varepsilon_{i,t-1} + \eta_{i,t}$ 表示，其中 $\eta_{i,t} \sim N\left(0, 1-\rho^2\right)$。

表 4.3 总结了两个动态 Probit 模型的结果。在未纳入动态误差项的第一个模型中，个体决策者之前做出的决策与其当前的决策正相关（$\gamma_{w/o} = 0.1686$，$p = 0.0287$）。这表明

个体决策者在之前轮的决策中不道德地行事后，更可能再次参与不道德行为。但在纳入动态误差项的第二个模型中并未发现该关联（$\gamma_w = 0.1036$，$p = 0.6034$）。

表 4.3　两个动态 Probit 模型的结果

	无动态误差项	有动态误差项
Decision（t–1）	0.1686（0.0771）*	0.1036（0.1995）
影响 β 向量：		
（Intercept）	−0.3181（0.4083）	−0.3045（0.4154）
实验变量（道德教育）	−0.4111（0.1296）**	−0.4199（0.1409）**
年龄	0.1386（0.1321）	0.1412（0.1358）
性别（女性）	0.161（0.1131）	0.1685（0.1179）
宗教信仰程度	−0.0581（0.0295）*	−0.0594（0.0326）†
种族背景	−0.1935（0.1183）	−0.1975（0.1206）
家庭收入	0.0009（0.0294）	−0.0007（0.0301）
影响 π 向量：		
（Intercept）	1.0507（1.4487）	−0.0735（1.4976）
实验变量（道德教育）	−0.2709（0.3471）	−0.2610（0.3724）
年龄	−0.9761（0.5322）†	−1.0049（0.5849）†
性别（女性）	0.4517（0.3388）	0.4468（0.3757）
宗教信仰程度	−0.0440（0.0807）	−0.0437（0.0824）
种族背景	0.3788（0.3749）	−0.4018（0.3902）
家庭收入	0.0093（0.0946）	−0.0109（0.0966）
Theta	2.2264（1.2360）†	2.3843（3.0741）
Sigma	0.3568（0.0858）***	0.3543（0.1533）*
Rho		0.0528（0.0539）
Log-Likelihood	−668.389	−668.715
AIC	1370.778	1371.430
BIC	1455.360	1456.012

注：†$p<0.10$；*$p<0.05$；**$p<0.01$；***$p<0.001$。

与之前未纳入连续决策之间动态关系的模型一样，两个模型中道德教育均对参与不道德行为的概率存在显著影响（$\beta_{w/o} = -0.4111$，$p = 0.0015$；$\beta_w = -0.4199$，$p = 0.0029$）。在频繁传达道德标准时，个体决策者在其决策中不道德地行事的可能性要更低。在第一轮决策中并未发现道德教育的显著实验变量效应（$\pi_{w/o} = -0.2709$，$p = 0.4351$；$\pi_w = -0.2610$，

$p=0.4834$）。但该结果在预料之内，因为在实验开始时实验变量的效用可能还未完全建立。在两个模型中，宗教信仰程度均与不道德行为的概率呈负相关关系（$\beta_{pooled}=-0.0581$，$p=0.0487$；$\beta_{random-effect}=-0.0594$，$p=0.0686$）。在第一轮决策中，年龄更大的参与者参与供应链管理不道德行为的可能性要更低（$\pi_{w/o}=-0.9761$，$p=0.0666$；$\pi_{w}=-1.0049$，$p=0.0858$）。

总体而言，本项实证分析关注的是参与者在实验中参与不道德行为的总体倾向。不同模型设定得到了基本一致的结果。特别是在每一模型中，道德教育均对个体决策者的道德决策有强影响。这些实证结果提供证据支持了假设5，即已接受道德教育的实验组参与者参与不道德行为的整体可能性要更低。而且，宗教信仰也会一致性地降低参与者参与不道德行为的概率。但其他人口统计学信息并不能解释得到的决策结果。

4.5.2　道德一致性与道德平衡

在描述供应链管理道德动态特征时，上一项实证分析存在局限性：模型仅在总水平层面考虑参与者参与不道德行为的概率，并未考虑参与者在特定轮决策中的具体行为。因此，这些模型主要利用了参与者在整个研究期间道德/不道德地行事的概率信息。但未直接体现其行为一致/不一致的概率，而该信息也具有重要的理论和实践意义。

考虑两种决策顺序：

（1）道德行为、道德行为、不道德行为、不道德行为；

（2）道德行为、不道德行为、道德行为、不道德行为。

对于这两种顺序，个体决策者参与不道德行为的总体概率均为$2\div4=0.5$。但第二种顺序的行为一致性要更低，因为个体决策者一直在道德行为与不道德行为之间切换。动态Probit模型能在一定程度上包容之前决策对现有决策的影响，但未对个体决策者所表现出的切换行为进行描述。

本项实证分析对道德决策中道德动态的一致性方面进行探索。主要目的是考察个体决策者是否/何时在连续的决策之间行事一致（道德一致性）或不一致（道德平衡）。为仔细检查道德一致性和道德平衡的表现，我们建立了一个新的概率模型，将观测到的决策描述为个体决策者在两个决策（状态）（即道德决策和不道德决策）之间切换的随机过程。

1. 随机过程模型

依据变化概率矩阵考虑个体决策者在道德决策（$D_{i,t} = 0$）以及不道德决策（$D_{i,t} = 1$）之间切换的一系列决策：

$$\boldsymbol{Q}_{i,t-1} = \begin{matrix} \\ D_{i,t-1}=0 \\ D_{i,t-1}=1 \end{matrix} \overset{\begin{matrix} D_{i,t}=0 & D_{i,t}=1 \end{matrix}}{\begin{bmatrix} \varphi_{00} & \varphi_{01} \\ \varphi_{10} & \varphi_{11} \end{bmatrix}}$$

变化概率矩阵的各元素代表了从一个状态切换／不切换到另一个状态的概率，即变化概率。例如，$\varphi_{00} = \Pr\left(D_{i,t}=0 \mid D_{i,t-1}=0\right)$ 代表个体决策者 i 在之前一轮决策中道德地行事后继续道德地行事的概率。相似地，$\varphi_{01} = \Pr\left(D_{i,t}=1 \mid D_{i,t-1}=0\right)$ 代表个体决策者 i 从道德地行事切换到不道德地行事的概率。φ_{10} 与 φ_{11} 可用相似的方式进行解释。在这里，φ_{01} 与 φ_{10} 分别代表个体决策者表现出道德许可（即从道德行为切换到不道德行为）与道德净化（即从不道德行为切换到道德行为）的概率。

在观测到的道德决策顺序既定的情况下，可根据最大似然估计来估算总体层面的变化概率矩阵。估计函数即为

$$\hat{\varphi}_{qr}^{\mathrm{MLE}} = \frac{n_{qr}}{\sum_{u=1}^{2} n_{qu}}$$

其中，$q,r = \{0,1\}$，而 n_{qr} 为数据中的观测值数量，其中 $D_{i,t} = q$，$D_{i,t+1} = r$。这些估计值的标准差通过 $\mathrm{se}_{qr} = \frac{\hat{p}_{qr}^{\mathrm{MLE}}}{\sqrt{n_{qr}}}$ 或 bootstrap 法（Efron et al.，1986）获得，由此能够确定估计值的置信区间。

上述模型作为估计变化概率的基准模型，未考虑个体差异与实验操控。从理论角度看，还需要分离影响转移概率的多重力量。为实现该目标，我们建立以下扩展马尔可夫链（markov chain）模型，将变化概率表示为解释 $\boldsymbol{x}_{i,t}$ 的函数：

$$\varphi_{00}\left(\boldsymbol{x}_{i,t}', \boldsymbol{\beta}\right) = \frac{\exp\left(\boldsymbol{x}_{i,t}' \boldsymbol{\beta}\right)}{1 + \exp\left(\boldsymbol{x}_{i,t}' \boldsymbol{\beta}\right)} \tag{4-5}$$

$$\varphi_{11}\left(\boldsymbol{x}_{i,t}', \boldsymbol{\gamma}\right) = \frac{\exp\left(\boldsymbol{x}_{i,t}' \boldsymbol{\gamma}\right)}{1 + \exp\left(\boldsymbol{x}_{i,t}' \boldsymbol{\gamma}\right)} \tag{4-6}$$

其中，我们使用了 logit 变换以确保变化概率 φ_{00} 与 φ_{11} 在［0，1］内。注意，$\varphi_{01} = 1 - \varphi_{00}$，$\varphi_{10} = 1 - \varphi_{11}$。$\boldsymbol{x}_{i,t}$ 包含轮决策 t 中个体决策者 i 的解释变量。$\boldsymbol{\beta}$ 与 $\boldsymbol{\gamma}$ 为有待估计的参数向量。为方便起见，将条件 $D_{i,t-1} = a$ 且 $D_{i,t} = b$ 通过函数表示为 $s(t) = [a, b]$。与 Muenz 等（1985）的研究相似，可通过最大化 $\boldsymbol{\beta}$ 与 $\boldsymbol{\gamma}$ 的对数似然函数来估算模型：

$$\log(L) \propto \sum_i \sum_{t>1} \left\{ \left[\log \frac{\exp(\boldsymbol{x}'_{i,t}\boldsymbol{\beta})}{1+\exp(\boldsymbol{x}'_{i,t}\boldsymbol{\beta})} \right] \mathbb{1}\{s(t) = [0,0]\} + \right.$$

$$\left[1 - \log \frac{\exp(\boldsymbol{x}'_{i,t}\boldsymbol{\beta})}{1+\exp(\boldsymbol{x}'_{i,t}\boldsymbol{\beta})} \right] \mathbb{1}\{s(t) = [0,1]\} +$$

$$\left[1 - \log \frac{\exp(\boldsymbol{x}'_{i,t}\boldsymbol{\gamma})}{1+\exp(\boldsymbol{x}'_{i,t}\boldsymbol{\gamma})} \right] \mathbb{1}\{s(t) = [1,0]\} + \tag{4-7}$$

$$\left. \left[\log \frac{\exp(\boldsymbol{x}'_{i,t}\boldsymbol{\gamma})}{1+\exp(\boldsymbol{x}'_{i,t}\boldsymbol{\gamma})} \right] \mathbb{1}\{s(t) = [1,1]\} \right\}$$

在式（4-7）中，假设同一协变量向量 $\boldsymbol{x}_{i,t}$ 同时影响 φ_{00} 与 φ_{11}。$\boldsymbol{\beta}$ 与 $\boldsymbol{x}$ 直接影响连续两轮维持道德行为的概率（即 φ_{00}）。但它们还会间接影响从道德行为切换到不道德行为的概率（φ_{01}），因为 $\varphi_{01}=1-\varphi_{00}$。$\boldsymbol{\gamma}$ 也以相似的方式发挥作用。因此，估计得到的系数可解释为一个变量对两个互斥的变化概率的影响。例如，假设解释变量的系数为正，则该系数的解释为，若解释变量增加，则当个体决策者在前一轮道德地行事时，也更可能在当前轮维持道德行为（φ_{00} 值更大）。同时，可发现，该个体决策者从道德行为切换到不道德行为的可能性要更低（φ_{01} 值更小）。

2. 实证结果与假设检验

表4.4 总结了通过估计 $\hat{\varphi}_{qr}^{\mathrm{MLE}} = \dfrac{n_{qr}}{\sum_{u=1}^{2} n_{qu}}$ 得到的变化概率点估计值，括号内为重复取样2000次的BCa 95% bootstrap置信区间。与假设3相符，如果个体决策者在前一决策中道德地行事，则其在下一轮道德地行事的概率会更高，约68.56%。相应地，个体决策者仅有31.43%的概率会从道德地行事转变为不道德地行事。根据所采集的数据，明显的一点是，如果个体决策者在前一决策中道德地行事，则其更有可能维持道德行为 $[p_{H_0}(\varphi_{00} \leqslant 0.5) < 0.001]$，而非参与不道德行为。该结果表明，个体决策者倾向于遵守道德标准和维持道德的行为模式。但无证据表明个体决策者在之前一轮不道德地行事情况下会被驱动偏向道德或不道德决策 $[p_{H_0}(\varphi_{10}, \varphi_{11} = 0.5) = 0.4963]$。已参与不道德行为的个体决策者维持不道德行为或切换为道德行为的概率几乎相同。

表 4.4　模型预测的变化概率点估计值

	概率	置信区间
$\hat{\varphi}_{00}$	0.6856	（0.6466，0.7225）
$\hat{\varphi}_{01}$	0.3143	（0.2775，0.3534）
$\hat{\varphi}_{10}$	0.5178	（0.4657，0.5698）
$\hat{\varphi}_{11}$	0.4821	（0.4302，0.5343）
Log–Likelihood	−214.6795	
AIC	433.3591	
BIC	440.8642	

假设 6 提出，获得道德教育的个体决策者更可能以一致的方式道德地行事。变量对变化概率矩阵的影响参见表 4.5。实验变量（道德教育）的模型系数明确表明存在道德教育的显著效应。具体而言，实验变量与估算得到的 φ_{00} 之间存在正相关关系（$\beta=0.5894$，$p=0.0033$）。换言之，相比从道德行为切换到不道德行为，实验组的个体决策者更可能一致地维持道德行为。该结果有力支持了假设 6。估算得到的 φ_{11} 与实验变量之间存在负相关关系（$\gamma=-0.6101$，$p=0.0063$）。在研究期间受到道德教育时，个体决策者连续两个决策维持不道德行为的可能性更低。相比较而言，即使他们在之前一轮的决策中不道德地行事了，在本轮决策中也更可能切换为道德地行事。有趣的是，道德教育对 φ_{00} 与 φ_{11} 的影响幅度相似（$\beta=0.5894$，$\gamma=-0.6101$）。该结果可能表明，就促进一致道德行为和阻碍一致不道德行为而言，道德教育对个体决策者决策过程的影响相同。

表 4.5　变量对变化概率矩阵的影响

	φ_{00}	φ_{11}
（Intercept）	0.2780（0.8292）	−0.6897（0.9530）
实验变量（道德教育）	0.5894[**]（0.2007）	−0.6101[**]（0.2234）
年龄	−0.1874（0.2904）	0.3342（0.3595）
性别（女性）	−0.2959（0.1868）	0.1200（0.2283）
宗教信仰程度	0.0916[*]（0.0465）	−0.0767（0.0530）
种族背景	0.2909（0.2230）	−0.2566（0.2730）
家庭收入	0.0766（0.0522）	0.1039[†]（0.0613）
Log–Likelihood	−608.305	
AIC	1244.610	
BIC	1312.791	

注：$^{†}p<0.10$；$^{*}p<0.05$；$^{**}p<0.01$；$^{***}p<0.001$。

其他变量并未实质影响变化概率。宗教信仰程度高的个体决策者更可能在两个连续的决策中维持道德行为，而非切换为不道德行为。但在之前的决策为不道德行为时，宗教信仰程度对当前的决策并无显著的影响。此外，家庭收入更高的个体决策者更有可能一贯地不道德行事（$\gamma=0.1039$），但该结果在统计上仅稍微显著（$p=0.0900$）。

4.5.3 随时间推移易做出不道德决策的程度

如前文已讨论的，道德许可理论认为个体决策者可能会在过去道德地行事之后觉得"有权"（"有资质"）参与特定不道德行为（Monin et al.，2001）。在该"许可效应"诱使个体决策者最终在供应链管理决策中不道德地行事之前，这种感觉有可能会随时间累积。相同的思想也适用于道德净化。此前的分析已经展现了一些证据，说明在既定时间点上供应链管理决策者于决策中同时有保持一致的决策或切换为不同性质的决策的可能性。但它还未直接考察个体决策者在切换到相反状态之前保持特定状态（道德/不道德）的时长。从实践的角度看，考察个体决策者做出不道德决策的可能性，尤其是在多个过去决策中一贯道德地行事后做出不道德决策的概率，具有重要的意义。

1. 实证模型

生存模型专门用于通过在一定时间期限内重复测量事件状态来解答这样的问题。在本研究背景下，可以将个体决策者选择不道德地行事作为事件。根据生存函数 $S(t)=\Pr(T\geq t)$ 建立模型，用其表示在第 t 轮决策之前未观测到不道德行为的概率。其中 T 代表观测到不道德行为的决策轮。另一个重要的模型部分是风险函数 $\lambda(t)=\lim\limits_{\Delta t\to 0}\dfrac{\Pr(t\leq T<t+\Delta t\mid T\geq t)}{\Delta t}$，表示事件发生率（即观测到不道德行为的风险）。本研究的实验设计使得在使用生存模型时存在多个复杂挑战。

第一，传统的生存模型通常会将底层的事件视为在时间上连续。但本实验是在研究期间的预定离散时间点发生和观测到事件（即个体决策者的决策）。因此，瞬时风险函数 $\lambda(t)$ 并不存在，因为 $\Delta t\to 0$ 无实际含义。

第二，生存模型一般关注表示整个过程结束的机械系统故障等终点事件。但在本实验中，事件（即参与不道德行为）是可重复的，因为个体决策者可在实验过程中多次不道德地行事。在该情况下，同一个体决策者的"片段"持续时间（即个体决策者不道德地行事之前的决策数量）不能被视为独立观测值。个体决策者参与不道德行为的总体倾向等个体差异会影响同一个体决策者的所有观测片段。未能解释这一存在的相关性会导致违反所有观测片段持续时间独立分布的假设。

为克服这些统计学上的挑战，本项实证分析使用了离散时间风险模型。由 p_{it} 代表个体决策者 i 在于前 t–1 轮决策中未参与不道德行为的既定条件下，于第 t 轮决策中不道德地行事的概率。则 $p_{it} = \Pr\left(D_{i,t}=1\mid D_{i,t'}=0:t'<t\right) = \Pr\left(T=t\mid T\geq t\right)$ 为连续时间风险函数 $\lambda_i(t)$ 的离散时间近似值。遵循 Allison（1982）的做法，将生存模型的对数似然函数表示为：

$$\log(L) = \sum_i \sum_{j=1}^{t_i} \left[D_{i,t}\log\frac{p_{ij}}{\left(1-p_{ij}\right)} + \log\left(1-p_{ij}\right) \right] \tag{4-8}$$

其中，$\mathrm{logit}\left(p_{it}\right) = \boldsymbol{x}'_{i,t}\boldsymbol{\beta} + \boldsymbol{y}'_{i,t}\boldsymbol{\gamma}$；$\boldsymbol{y}_{i,t}$ 为各可能持续时间（即发生不道德决策之前的决策轮数）的指标向量；$\boldsymbol{x}_{i,t}$ 包含了 t 轮时可能会影响观测到不道德行为风险的个体决策者 i 的协变量。

为建立反复发生事件的模型，风险函数可建模为：

$$\mathrm{logit}\left(p_{it}\right) = \alpha_i + \boldsymbol{x}'_{i,t}\boldsymbol{\beta} + \boldsymbol{y}'_{i,t}\boldsymbol{\gamma} \tag{4-9}$$

其中，α_i 为遵循 $N\left(0,\sigma_\alpha^2\right)$ 分布的个体随机效应。

如此一来，分析中可对从每个个体决策者观测到的多个片段进行有效分组。这些片段的持续时间仅在个体层面存在异质性的情况下有条件地独立（Barber et al.，2000；Steele，2011）。

2. 实证结果与假设检验

图 4.2 显示了个体决策者做出不道德决策之前维持道德决策的持续时间的总体分布。数据中事件（即观测到不道德行为）的中位持续时间为 2 轮。如图 4.2（a）所示，多数个体决策者在切换为不道德决策之前会在一到两轮间保持道德决策。图 4.2（b）则绘

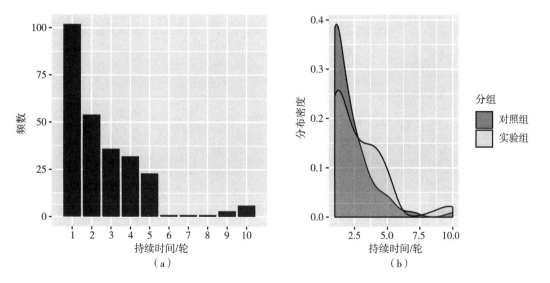

图 4.2　个体决策者做出不道德决策之前维持道德决策的持续时间的总体分布

制了实验组/对照组所观测到的持续时间的分布密度。未接受道德教育的个体决策者保持道德决策的持续时间更短。具体而言，由于参与者做出连续 6 轮或以上道德决策的观测结果较少，"持续时间（6）"包括持续时间为 6 轮或更多轮次的所有观测值，以避免估计过程中出现数值不稳定。

假设 7 提出获出道德教育的个体决策者在过去道德地行事后更不容易表现出道德失灵。换言之，他们在过去道德地行事后再参与不道德行为的可能性更低。为确保实证结果的可靠性，我们利用不同组的协变量估计了三个模型来解释不同的模型设置。生存模型结果如表 4.6 所示。

表 4.6　生存模型结果

	模型 1	模型 2	模型 3
（Intercept）	−0.5492（0.8212）	−0.4123（0.8391）	0.3603（1.4212）
持续时间（2）	−0.0739（0.2249）	—	—
持续时间（3）	0.1336（0.2550）	—	—
持续时间（4）	0.3548（0.2953）	—	—
持续时间（5）	−1.9093（0.7432）*	—	—
持续时间（6）	−1.6846（0.6175）**	—	—
实验变量（道德教育）	−0.5165（0.1993）**	—	—
持续时间（2）× 对照组	—	−0.0569（0.3817）	0.4226（0.4767）
持续时间（3）× 对照组	—	0.3168（0.4708）	1.1895（0.6474）†
持续时间（4）× 对照组	—	−1.2675（0.8100）	−0.2250（0.9787）
持续时间（5）× 对照组	—	−1.3310（1.1078）	−0.3537（1.2640）
持续时间（6）× 对照组	—	−1.2864（1.0998）	−0.2670（1.3621）
持续时间（1）× 实验组	—	−0.5952（0.2844）*	−1.0272（0.4454）*
持续时间（2）× 实验组	—	−0.6690（0.3151）*	−0.8823（0.4437）*
持续时间（3）× 实验组	—	−0.5107（0.3405）	−0.5165（0.4615）
持续时间（4）× 实验组	—	0.1045（0.3625）	0.3730（0.5014）
持续时间（5）× 实验组	—	−2.8433（1.0441）**	−2.5700（1.1127）*
持续时间（6）× 实验组	—	−2.3952（0.7631）**	−2.0923（0.9152）*
年龄	0.1867（0.2865）	0.1795（0.2871）	0.2540（0.4940）
性别（女性）	0.2842（0.1856）	0.2962（0.1874）	0.5664（0.3306）†
宗教信仰程度	−0.0658（0.0462）	−0.0728（0.0465）	−0.1457（0.0819）†
种族背景	−0.3182（0.2196）	−0.3681（0.2224）†	−0.5688（0.3787）
家庭收入	−0.0652（0.0519）	−0.0747（0.0524）	−0.1132（0.0879）
既往不道德决策	—	—	−0.3995（0.1340）**
Sigma	−0.0000（0.8077）	−0.0000（0.5524）	−1.6205（0.4925）**

	模型 1	模型 2	模型 3
Log-Likelihood	−374.5965	−370.6753	−364.9639
AIC	775.1930	777.3506	767.9270
BIC	833.7682	858.4547	853.5370

注：$^{†}p<0.10$；$^{*}p<0.05$；$^{**}p<0.01$；$^{***}p<0.001$。

模型 1 的结果表明，在多轮（5、6 或更多轮）维持道德决策后，个体决策者切换到不道德决策的可能性更低（$\beta_{持续时间=5}=-1.9093$，$p=0.0102$；$\beta_{持续时间=6}=-1.6846$，$p=0.0063$）。道德教育对切换到不道德决策的风险总体上有负影响（$\beta=-0.5165$，$p=0.0095$）。因此，接受道德教育的参与者表现出道德失灵（即参与不道德行为）的可能性整体上更低。

模型 2 和模型 3 中引入了实验变量和持续时间指标之间的交互作用项，以能够分别在对照组和实验组检验道德决策持续时间对切换决策（由道德决策转变为不道德决策）风险的影响。模型 2 的结果表明，仅实验组的个体决策者切换到不道德决策的风险会随时间发生变化。具体而言，实验组的个体决策者在仅一或两次选择道德决策后切换到不道德决策的可能性变低了（$\beta_{持续时间=1}=-0.5952$，$p=0.0363$；$\beta_{持续时间=2}=-0.6690$，$p=0.0337$）。而且，实验组的个体决策者在长时间道德地行事后切换行为的可能性还要更低（$\beta_{持续时间=5}=-2.8433$，$p=0.0064$；$\beta_{持续时间=6}=-2.3952$，$p=0.0017$）。模型 3 也发现了相似的结果。

模型 3 中引入了额外的变量来检查个体决策者切换到不道德决策的风险因"既往不道德决策"而改变的可能性。变量"既往不道德决策"是个体决策者在当前决策之前已做出的不道德决策的总数量。结果表明既往不道德决策的数量与切换到不道德决策的风险之间存在负相关（$\beta=-1.6205$，$p=0.0028$）关系。个体决策者在过去做出的不道德决策越多，其偏离道德决策（即出现道德失灵）的可能性越低。还有一定证据表明对照组的个体决策者在持续 3 个轮次保持道德决策后更可能切换到不道德决策（$\beta=1.1895$，$p=0.0661$）。

在风险函数中，几乎没有个体决策者的个体特征发挥了显著作用。在模型 2 或模型 3 中，性别、宗教信仰程度和种族背景的模型系数有时稍微显著。但这些结果在模型之间并不一致，且因为 p 值较大而不具说服力（最小的 p 值为 0.0752）。

总体而言，我们可从生存模型的分析中得出三大结论。

第一，所有结果一致表明，频繁传达供应链社会责任中的道德标准（道德教育）会降低个体决策者从道德行为切换到不道德行为的风险（危害）。

第二，实验组的个体决策者倾向于在前面数轮道德决策中保持一致。

第三，实验组的个体决策者在长时间道德地行事后仍不易切换到不道德行为。

因此，本项实证分析提供了支持假设 7 的有力实证证据。

4.6 对实证结果的讨论

4.6.1 对实证结果的全面讨论

本研究试图全面描述个体决策者在供应链社会责任背景下做出多重决策时所表现的纵向道德动态。与孤立考察单一决策的情况相比，考虑既往与当前决策之间的跨期关系时，供应链管理中的道德决策可能会更为复杂。

1. 参与不道德行为的总体趋势

本研究利用实证方法检查了道德动态的三个方面。第一个方面关注个体决策者参与不道德行为的总体趋势。这虽然已在文献中得到广泛研究，但鲜有研究者在考虑连续决策之间的跨期相关性的情况下探究该趋势。作为描述道德动态的入手点，本研究首个实证分析采用多种模型设置来估计个体不道德地行事的概率，其中包括专门解释连续决策之间动态关系的模型。对于实证分析中所考虑协变量的影响，不同的模型得出了大致一样的结果。供应链管理中的道德教育为本研究的主要聚焦变量，该变量在所有模型中均表现出对个体决策者参与不道德行为的总体趋势有强烈且一致的影响。因此，实验提供了有力的证据，表明在供应链社会责任背景下，道德教育会有效防止员工参与不道德行为。该结果也呼应了文献中讨论道德教育在促进组织内道德行为的有效性方面的现有研究（Melé，2005；Luthar et al.，2005）。

2. 道德决策过程中的一致性 / 不一致性

道德动态的一个重要启示是，当个体决策者随时间推移面临多次决策时可能会被诱导，从而在道德行为与不道德行为之间切换。因此，仅关注个体决策者参与不道德行为的总体趋势可能并不够——个体决策者可能总体上倾向于道德地行事，但同时也倾向于在多次决策之间表现得不一致。为深入探索道德决策过程的一致性方面，本研究建立了一个专门的统计模型，利用变化概率来描述个体决策者行为模式的一致性 / 不一致性。

实证结果表明，个体决策者同时会表现出一致和不一致的供应链决策行为模式。在拟合模型中引入协变量可计算得到各个体决策者的变化概率矩阵。图 4.3 描述了 φ_{11}（保持一致不道德行为的概率）和 φ_{00}（保持一致道德行为的概率）的相关性。该图显示两种变化概率之间存在强线性关系（correlation＝−0.6322，$p<0.001$）——φ_{00} 更高的个体决策者往往具有更低的 φ_{11}。这显示了参与者表现出的总体行为模式——倾向于更为一致、道德地行事的个体决策者一致、不道德地行事的可能性更低。此外，图 4.3 显示对照组与实验组的观测结果存在明显的区别。对照组的参与者一般 φ_{00} 更低，但 φ_{11} 更高。实验组的参与者一般 φ_{00} 更高，但 φ_{11} 更低。

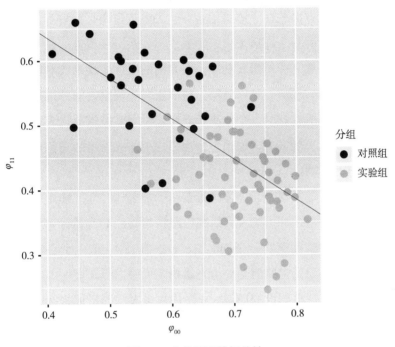

图 4.3　变化概率的相关性

此外，可利用变化概率估计得到马尔可夫链的静态分布（π）。该静态分布满足条件 $\pi Q = \pi$，在该模型中具有解析解 $\left(\pi_0 = \dfrac{1-\varphi_{11}}{1-\varphi_{00}+1-\varphi_{11}}, \pi_1 = 1-\pi_0 \right)$。估计得到的静态分布最终为 $\pi_0 = 0.6218$，$\pi_1 = 0.3782$。长期来看，参与者做出的决策中约有 62.18% 为道德，而 37.82% 为不道德。总体上，个体决策者更可能道德地行事，而非不道德地行事。但结果表明，对照组的个体决策者似乎有相同的可能性去道德/不道德地行事，因为该组的静态分布为 $\pi_0 = 0.5159$，$\pi_1 = 0.4841$。另外，实验组估算得到的静态分布基本上偏向于道德决策，而非不道德决策（$\pi_0 = 0.6729$，$\pi_1 = 0.3271$）。

直观来看，道德教育（通过频繁传达道德标准实现）会显著增加 φ_{00}、降低 φ_{11}。因此，接受道德教育的个体决策者以更为一致的方式道德地行事的可能性要比不接受的高得多。即使他们偶尔在某一轮次的决策中参与不道德行为，在下一轮次中立即切换回道德行为的可能性也要高得多。这样的行为模式产生了总体的观察结果，即实验组的个体决策者更可能参与道德行为。从这个意义上说，道德决策过程的一致性方面为频繁传达供应链管理道德标准可以降低个体决策者参与不道德行为的总体趋势，提供了背后的依据。

3. 随时间推移易表现出道德失灵的程度

道德动态的第三个方面关注个体决策者在过去参与道德行为后不道德地行事的可能性。如果个体决策者的确易于在道德决策中表现不一致，考察他们是否会长时间维持道德行为模式就具有重要意义。本研究利用一个专门的生存模型来应对所采集数据的离散时间点和事件重复发生的性质。结果表明，对照组与实验组之间的道德行为模式偏离风险存在差异。在受到道德教育时，个体决策者在长时间坚持道德行为后切换到不道德行为的可能性要显著更低。换言之，道德教育会强化个体决策者的道德行为模式，使其更不易受到道德许可的影响。

该分析的另一个有趣发现是，个体决策者似乎并未随时间推移而更易参与不道德的供应链管理行为。有关道德许可的现有研究一般认为既往的道德行为可作为个体决策者在之后不道德行事的"道德资质"（Blanken et al.，2015）。但一个有趣但经常被忽视的问题是，该资质是否需要反复的道德决策来累积至可触发道德许可效应的特定点。本章分析的结果并未提供支持该假设的证据——个体决策者表现出道德许可行为的概率并没有随其道德行为持续时间的增加而增加。相反，道德行为持续时间对参与不道德行为风险影响的模型系数为负，表明当个体决策者随时间推移表现出一致的道德行为时，道德许可行为发生的概率反而降低了。更长时间的系列道德行为实际上会降低之后切换为不道德行为的概率。

4.6.2 构建道德动态的整体模型

本研究的实证结果显示，人口统计学信息（如年龄、种族背景和性别）在道德动态的模型中几乎无解释效力。但频繁传达供应链管理中的道德标准（道德教育）会诱发供应链管理中道德动态行为模式的转变。该变量在所有分析中均表现出显著的效应。如果道德教育的确会导致供应链管理决策中道德动态总体行为模式发生根本性变化，则应使用一个总模型来描述行为模式的整体变化，而非单独审视该变化的不同表现。

1.行为模式的建模

要对数据生成过程中的两种行为模式进行建模，一种自然而然的方法是利用统计模型中的潜变量。本节将提出一个隐马尔可夫模型（hidden markov model），以探索个体决策者的整体行为模式可如何解释道德动态。利用观测数据中所包含的参与者间及跨期变异对（无法观测到的）行为模式进行建模和估计。

隐马尔可夫模型假设观测到的数据由未观测到的随机过程生成。在该分析中，假设个体在未直接观测到的两种不同行为模式之间切换。个体的行为模式有四种可能的结果，即：

（1）一致表现为道德行为（$D_{i,t-1}=D_{i,t}=0$）；

（2）切换为不道德行为（$D_{i,t-1}=0$，$D_{i,t}=1$）；

（3）切换为道德行为（$D_{i,t-1}=1$，$D_{i,t}=0$）；

（4）一致表现为不道德行为（$D_{i,t-1}=D_{i,t}=1$）。

为方便起见，用 Y_{it} 表示包含个体决策者 i 在第 t 轮决策中四种可能结果的分类变量。

对于个体决策者 i，$\tilde{Y}$ 为 $Y^{(t)}$ 的向量，为 Y 在第 $t=1$ 至 $t=T$ 轮的观测值。$T=9$，因为共观测到 9 对连续决策。$X^{(t)}$ 为第 t 轮所观测到的解释变量的向量。堆叠 t 的这些向量得到另一向量 $\tilde{X}$。

按照 Kulkarni（2016）提出的方法，用 $S=\left\{S^{(1)},\cdots,S^{(9)}\right\}$ 表示隐马尔可夫过程，其中 $S^{(t)}$ 表示第 t 轮的个体行为模式。因此，该隐马尔可夫过程有两维状态空间 $S^{(t)}\in\{1,2\}$。假设在既定隐马尔可夫过程 S 中观测值 $Y^{(t)}$ 有条件性独立，在基础状态为 $S^{(t)}=s$、解释变量的向量为 $X^{(t)}$ 的情况下，在第 t 轮观测到实例 $Y^{(t)}=y$ 的概率可表示为：

$$\psi_{y|s,x}^{(t)}=\Pr\left(Y^{(t)}=y\mid S^{(t)}=s,X^{(t)}=x\right) \tag{4-10}$$

其中，$y=\{0,1,2,3\}, t=\{1,\cdots,9\}, s=\{1,2\}$。

为体现状态转变的随机性，令

$$\pi_{s|s',x}^{(t)}=\Pr\left(S^{(t)}=s\mid S^{(t-1)}=s',x^{(t)}=x\right) \tag{4-11}$$

这即为从第 $t-1$ 轮到第 t 轮以及从状态 s' 到 s 的变化概率。此处，$t=\{2,\cdots,9\}, s$ 和 $s'=\{1,2\}$。

这些变化概率被定义为 $x^{(t)}$ 的函数，用来说明解释变量对行为模式转变的影响。利用 Bartolucci 等（2009）提出的 logit 参数化方法，变化概率建模为：

$$\log\frac{\Pr\left(S^{(t)}=s\mid S^{(t-1)}=s',X^{(t)}=x\right)}{\Pr\left(S^{(t)}=s'\mid S^{(t-1)}=s',X^{(t)}=x\right)}=\log\frac{\pi_{s|s',x}^{(t)}}{\pi_{s'|s',x}}=x'\gamma_{s's}, t\geq 2 \tag{4-12}$$

其中，$s\neq s'$。该限制导致在本模型的各 t 中只有两种情况，即 $\{s=0,s'=1\}$ 及

$\{s=1, s'=0\}$。为方便标记，假设 $\boldsymbol{x}$ 的第一个元素为 1。因此，$\boldsymbol{\gamma}_{s's}$ 为从模型估算得到的参数向量。

上面的等式为递归形式，因此 $t=1$ 时需要一个起始状态。由于 S 仅有两个可能的值，可使用单一 logit 等式以相似的方式表示初始概率：

$$\log \frac{\Pr\left(S^{(1)} = 2 \mid \boldsymbol{X} = \boldsymbol{x}\right)}{\Pr\left(S^{(1)} = 1 \mid \boldsymbol{X} = \boldsymbol{x}\right)} = \log \frac{\pi_{2|x}^{(1)}}{\pi_{1|x}^{(1)}} = \boldsymbol{x}'\boldsymbol{\beta}_{s's} \tag{4-13}$$

考虑所有状态可能的转变，鉴于各轮的所有解释变量为 $\tilde{\boldsymbol{X}} = \left(\boldsymbol{x}^{(1)}, \cdots, \boldsymbol{x}^{(T)}\right)$，囊括 $S = \left\{s^{(1)}, \cdots, s^{(T)}\right\}$ 的所有状态的联合分布可表示为：

$$\Pr\left(S = s \mid \tilde{\boldsymbol{X}} = \tilde{\boldsymbol{x}}\right) = \pi_{s^{(1)}|x^{(1)}} \prod_{t>1} \pi_{s^{(t)}|s^{(t-1)}x^{(t)}} \tag{4-14}$$

潜状态变量为 S，且解释变量向量为 $\tilde{\boldsymbol{X}}$ 时，生成可观测到的数据 $\tilde{\boldsymbol{Y}}$ 的第二层分布可表示为：

$$\Pr\left(\tilde{\boldsymbol{Y}} = \tilde{\boldsymbol{y}} \mid S = s, \tilde{\boldsymbol{X}} = \tilde{\boldsymbol{x}}\right) = \prod_t \psi_{y|s,x}^{(t)} \tag{4-15}$$

但需要注意的是，上面的等式无法直接用于估算，因为 S 无法被观测到。仅有的是边缘分布函数 $p\left(\tilde{\boldsymbol{y}} \mid \tilde{\boldsymbol{x}}\right)$：

$$p\left(\tilde{\boldsymbol{y}} \mid \tilde{\boldsymbol{x}}\right) = \sum_s \left\{ \pi_{s^{(1)}|x^{(1)}} \prod_{t>1} \pi_{s^{(t)}|s^{(t-1)}x^{(t)}} \times \prod_t \psi_{y|s,x}^{(t)} \right\} \tag{4-16}$$

通过聚合整个 N 名参与者的样本可获得似然函数。对数似然函数为：

$$\ell(\boldsymbol{\theta}) = \sum_{i=1}^{N} \log\left(p\left(\tilde{\boldsymbol{y}}_i \mid \tilde{\boldsymbol{x}}_i\right)\right) \tag{4-17}$$

其中，下标的 i 对数据中的个体决策者进行索引；$\boldsymbol{\theta}$ 表示待估计的所有参数。

上面的两个等式清晰地表明，由于未观测到 s 和等式（4-16）中总和内的乘积项，似然函数很难直接评估。估计模型需要利用 EM 算法（Dempster et al., 1977; Bartolucci et al., 2009）。

本研究主要关注的是两组估计量。首先，估计得到的系数 γ 反映了协变量对个体决策者在决策过程中如何于两种行为模式之间切换的影响。其次，$\psi_{y|s,x}$ 描述了个体决策者在遵循其中一种行为模式后的行为倾向。

2. 两种行为模式的实证证据

表 4.7 总结了 s 既定的情况下估计得到的 $\psi_{y|s,x}$，对两种行为模式的特征进行了描述。结果的确表明，两种行为模式间存在明显区别。

第一种推断得到的行为模式（行为模式 1）的特征为：个体决策者前后决策一致表现为道德的概率极高——$\Pr(Y=0)=0.7812$。换言之，在遵循该行为模式时，个体决策者极有可能在连续的决策中均保持道德。个体决策者有致力于道德地行事的整体趋势，而不论当前的情况或其既往决策历史如何。在该模式中，个体决策者行为不一致并在道德和不道德行为之间切换的概率极低——$\Pr(Y=1)=0.1083$，$\Pr(Y=2)=0.1105$。总体上，依据第一种行为模式，个体决策者有 78.12% 的概率道德且一致地行事。个体决策者在连续的决策之间极少不一致地行事，且几乎不会连续两次不道德地行事——$\Pr(Y=3)=0.0000$。

表 4.7　行为模式

	$s=1$（行为模式 1）	$s=2$（行为模式 2）
$\Pr(Y=0)$（前后决策一致表现为道德）	0.7812	0.0637
$\Pr(Y=1)$（由道德行为切换为不道德行为）	0.1083	0.2837
$\Pr(Y=2)$（由不道德行为切换为道德行为）	0.1105	0.2836
$\Pr(Y=3)$（前后决策一致表现为不道德）	0.0000	0.3689

第二种行为模式（行为模式 2）可能会导致更不道德、不一致的行为。如表 4.7 中所示，遵循第二种行为模式的个体决策者以一致方式道德地行事的概率极低——$\Pr(Y=0)=0.0637$。相反，随时间推移，这些个体决策者在道德行为与不道德行为之间来回切换的可能性大体相同——$\Pr(Y=1)=0.2837,\Pr(Y=2)=0.2836$。而且，他们有较高概率不仅不道德地行事，还在多次决策中保持不道德——$\Pr(Y=3)=0.3689$。

将两种行为模式并排比较时，可以得出个体决策者在决策中可能有的两种不同的心态，即"道德心态"和"情境心态"。在采取道德心态时，个体决策者在决策时非常道德且前后一致；个体决策者不道德行事的概率在任何情况下都极低。相反，对于采取情境心态的决策者，他们可能同时参与道德和不道德行为，总体上的行为并不前后一致，这些个体决策者似乎并未遵循始终偏向道德或不道德行为的严格原则。换言之，采用情境心态的个体更容易受到道德许可和道德净化的影响。他们甚至可能在长期决策后仍保持不道德。

以上分类，可以对道德教育如何同时转变道德动态的所有三个方面提供强有力的理论解释。具体而言，如果将道德动态的三个方面视为同一基础心态的三个方面，便可将其高度整合在一起。

采用道德心态时，个体决策者基本上倾向于在每一个决策中道德地行事，而不论情境。因此，他们在既定时间点参与道德行为的总体概率会变高。由于道德心态会引发一致的行为，所以个体决策者在各决策中保持道德的概率也会很高。最后，随着个体决策者完全采用道德心态，也就表明个体决策者参与不道德行为的概率极低，其违反道德标准的风险也会随时间推移变得更低。

但在采用情境心态时，个体决策者随时间推移进行决策时表现出基本不一致的行为模式。这些个体决策者参与不道德行为的总体概率会变高，因为他们更可能从道德行为切换到不道德行为，甚至会在多次决策中保持不道德。由于在该情况下个体决策者受到道德许可和道德净化的影响，所以其在道德行为与不道德行为之间切换的概率也会变高。此外，由于行为模式不一致，他们切换至不道德行为的风险可能与其既往决策无关——这些个体决策者不太可能在于既往道德决策中巩固好道德行为模式之前保持足够长时间的道德行为。

3. 道德教育的作用

表 4.8 总结了影响个体决策者行为模式（心态）转变的因素。[①] 结果显示，道德教育，即频繁传达道德标准仅对 $\pi_{s=1|s=2,x}$ 有显著影响。道德教育对从第二种行为模式切换到第一种的概率有显著的积极影响（$\gamma=0.9590$，$p=0.0267$）。换言之，实验组的个体决策者更可能从情境心态切换为道德心态。道德教育与从道德心态切换为情境心态的概率无显著关联。该结果可能表明个体决策者更容易维持道德心态，因为其本质上会促进前后一致的行为。

表 4.8　影响个体决策者行为模式（心态）转变的因素

	$\pi_{s=2|s=1,x}$	$\pi_{s=1|s=2,x}$
（Intercept）	−0.4354（1.8778）	−2.4822（1.7275）
实验变量（道德教育）	−0.6128（0.5567）	0.9590（0.4327）[*]
年龄	−0.4313（0.6648）	−0.0350（0.4956）
性别（女性）	0.3433（0.4631）	0.2240（0.3523）
宗教信仰程度	0.0307（0.1561）	0.1937（0.1119）[†]
种族背景	0.3482（0.5978）	0.1303（0.4768）
家庭收入	− 0.1680（0.1195）	−0.1746（0.0930）[†]

注：[†]$p<0.10$；[*]$p<0.05$；[**]$p<0.01$；[***]$p<0.001$。

本章研究的主分析显示，道德教育对道德决策过程有三种影响：

（1）增加个体决策者参与道德行为的总体概率；

---

① 完整模型（总结见表 4.7 和表 4.8）的对数似然值 =−1145.376，AIC=2344.752，BIC=2416.918。

（2）增加个体决策者保持一贯道德行为的可能性；

（3）进一步强化个体决策者道德行为的一致性。

但本节的分析表明，这三种影响可能并不是相互独立的。相反，这些影响实际上可能在根本上反映出个体决策者在道德决策过程中心态的更为根本性的改变：道德教育可能激发了个体决策者一贯道德行事的道德心态。

总体来说，个体决策者可能会在引发道德考量的决策过程中采用两种心态（道德心态与情境心态）中的一种。采用道德心态的个体决策者更可能表现出一致的道德行为，且总体上极少参与不道德行为。但在个体决策者采用情境心态时，其决策一致性要显著更低，且会一直在道德行为与不道德行为之间切换。当暴露于道德教育时，相对于情境心态，个体决策者更可能采用道德心态。在道德决策的过程中，当个体决策者在道德心态与情境心态之间切换时，其行为模式会发生系统性的改变（就道德／不道德行事的概率、一致／不一致行事的概率，以及在一系列道德行为后表现出道德失灵的概率而言）。图4.4描述了道德动态的理论框架。

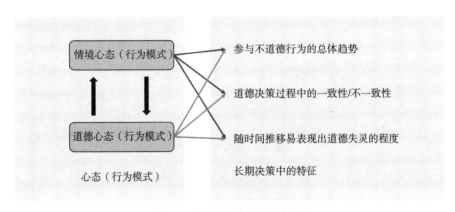

图 4.4　道德动态的理论框架

4.7　总体讨论

越来越多的企业被爆出未能在供应链社会责任方面实现长期的成功。但现有文献未对个体决策者在这些企业层面失败中的作用进行研究。为在一定程度上弥补文献中的这一空白，我们通过道德动态的理论视角审视了个体决策者随时间推移如何做出供应链社会责任相关的决策。现有的理论工作揭示了两种相反的机制（即道德一致性与道德平衡），它们预测个体决策者随时间推移在引发道德考量的决策中既可能一致，也可能不一致地行事。基于该类文献，本研究检验了两个相反的假设（假设3与假设4），并发现个体决策者更可能倾向于选择与前一决策相一致的决策。换言之，道德（不道德）的决策后面很可能会引发另一个道德（不道德）的决策。

根据对现有文献的总结，本研究首次实证性证明，个体决策者倾向于在与社会责任相关的供应链决策中一致地行事。但是，本研究的结果给予企业的更多是警示而非慰藉，因为所谓的决策一致性其实较低。连续决策之间的正相关关系并未强大到可保证个体决策者会表现出遵循既往决策的、可以被预测的模式。图4.5中的两个矩阵总结了实证分析得出的在既往决策为 $D_{i,t-1}$ 时观测到决策 $D_{i,t}$ 的概率。

图4.5中的第一个矩阵描述了利用未接受道德教育的参与者数据得到的概率。在无任何干预的情况下，参与者仅有61.5%的概率可以一致地做出符合道德标准的决策（ $p_{00}=61.5\%$ ）。因此，其仍有较大概率（ $p_{01}=38.5\%$ ）参与不道德的行为，即使其既往决策为道德的。更为令人担忧的是，如果个体决策者之前的决策为不道德的，则几乎不可能预测其将来的决策，因为数据显示，观测到其下一决策为道德或不道德的可能性大体相同（ $p_{10}=47.7\%$ ， $p_{11}=52.3\%$ ）。

$$
\begin{array}{cc}
 & \begin{array}{cc} D_{i,t}=0 & D_{i,t}=1 \end{array} \\
\begin{array}{c} D_{i,t-1}=0 \\ D_{i,t-1}=1 \end{array} & \begin{bmatrix} 61.5\% & 38.5\% \\ 47.7\% & 52.3\% \end{bmatrix}
\end{array}
\qquad
\begin{array}{cc}
 & \begin{array}{cc} D_{i,t}=0 & D_{i,t}=1 \end{array} \\
\begin{array}{c} D_{i,t-1}=0 \\ D_{i,t-1}=1 \end{array} & \begin{bmatrix} 69.1\% & 30.9\% \\ 56.5\% & 43.5\% \end{bmatrix}
\end{array}
$$

（a）对照组（未接受道德教育）　　　（b）实验组（接受道德教育）

图4.5　变化概率矩阵

虽然我们不认为这些估计的概率一定精确，或适用于所有供应链社会责任情境，但本研究结果明确表明，个体决策者在决策中的一致性并不如企业期望那般高。对于企业为何经常发现难以在供应链社会责任方面实现长期成功，本研究从个体决策者的道德决策层面提供了一个了解该现象的新角度。除了财务限制、管理缺失等原因，本研究表明，供应链社会责任方面的问题可能需要在个体决策者层面寻找原因：个体决策者本质上就在有关供应链社会责任的道德决策中缺乏行为的前后一致性。因此，很多企业的供应链社会责任举措未能成功，可能有个体决策者行为一致性出现缺失的原因。

本研究进一步发现，道德教育可作为一种有效管理手段来促进供应链个体决策者做出符合道德且前后一致的决策。如图4.5中的第二个矩阵所示，接受了道德教育的个体决策者有更高的概率在做出道德决策的同时也保持行为的前后一致（ $p_{00}=69.1\%$ ）。接受和未接受道德教育者之间的该概率差异达到约7.6%。我们将该差异称为"强化效应", 即道德教育强化了个体决策者随时间推移做出道德的决策的模式。从管理角度看, 69.1% 的概率似乎仍有不足, 但参与者也能在相反方向从道德教育中受益, 降低重复不道德决策的概率 (p_{11} =43.5%)。相比较而言, 未接受道德教育个体决策者的前述概率为 52.3%。我们将该影响称为"自我修正效应", 因为它修正了个体决策者之前的不道德行为的路线。综合来说, 道德教育的益处是两面性的, 因为它既能发挥强化作用来鼓励前后一致的道德行为, 又能自我修正前后一致的不道德行为。本研究似乎并未发现道德教育的有效性在强化效应和自我修正效应方面存在显著差异。也就是说, 道德教育将保持前后一致的道德行为的概率增加了约 7.6%。而保持前后一致的不道德行为的概率同时有相似程度的降低(约 8.8%)。

4.7.1　对供应链社会责任管理的启示

本研究试图证明, 对员工的道德教育在改善供应链社会责任表现中有重要作用。这是本研究领域的首次尝试。基于此, 本研究凸显了道德决策在供应链社会责任管理研究中的重要性——供应链社会责任是运营管理和供应链管理文献中的重要问题。现有研究通常从企业层面或组织间层面的视角来考察供应链中的社会责任问题。聚焦个体决策者的道德决策视角, 可能是研究者考察企业如何在长期供应链社会责任方面取得成功的另一理论立足点。

更为重要的一点是, 本研究表明, 道德教育的好处不仅仅局限于阻止舞弊行为等。也就是说, 道德教育还可为企业层面的社会责任表现提供长期益处。道德教育可以影响决策者, 使他们以前后一致的方式做出符合社会责任要求的供应链决策。对于管理实践者来说, 众所周知, 道德教育通常并不是企业管理的优先事项, 尤其是在企业面临资源限制或财务困难时。而在企业挣扎着从经济衰退中复苏的时代, 这尤其令人忧虑。因此, 道德教育计划自然地成为很多企业成本削减措施的首选之一, 因为企业并不期望能从中获得经济回报。很多报告称, 道德教育正在成为企业在困难时期的形象工程, 仅用于满足来自企业外部的要求或期望。但我们认为, 考虑到道德教育计划对供应链社会责任的有益影响, 其可以使企业最终因为良好的社会责任表现而获利。为提升供应链社会责任表现, 很多企业当前所采用的道德教育体系应更强调社会责任, 同时应注重建立促进员工做出前后一致决策的"道德准则"。

在供应链管理实践中, 除了确保员工在决策中道德地行事, 企业还应注重促进员工决策过程的前后一致性。目前几乎没有研究探索过如何促进长期的道德决策行为。本研究在一定程度上弥补了文献中的这一空白, 探索了道德动态的三个不同方面。

首先，就如何评估供应链管理中的道德行为而言，本研究为从业者提供了多点重要启示。本研究结果表明，企业需要从长期的视角来评估员工的道德行为。在所采集的数据中，几乎所有参与者（107 名中的 101 名）最终都在实验的某个时间点参与了不道德行为。从实践出发，仅根据个体决策者既往的一个或多个决策来评估其参与道德/不道德行为的总体趋势并不够。相反，应当观察个体决策者在更长时间中的一系列行为，以评估这一趋势。

其次，即使根据长期观察结果，认定某一供应链管理从业者过往在其决策中一直道德地行事，其仍可能会在将来的情境中表现得不道德。根据本研究的估计，个体决策者在供应链管理决策中从道德决策切换到不道德决策的总体概率平均为 30%。虽然该估计值可能会因个体或情境因素而出现显著变化，但明显的一点是，几乎在所有情况中，个体决策者一直都存在偏离道德行为的概率。因此，即使其员工在过去维持了高道德标准，企业仍然应当一以贯之地预防不道德行为的发生。促进供应链管理中的道德行为始终是一个持续不断的过程。

即使大部分个体决策者容易在某个时间点参与不道德行为，本研究也并未发现证据表明该道德失灵的风险会随着个体决策者持续道德地行事而增大（Chugh et al.，2016）。相反，在恰当道德教育的帮助下，一致的道德行为可强化个体决策者的行为模式，使个体决策者在将来不道德行事的可能性变得更低。该结果表明，促进道德决策的前后一致性可能具有长期持久的益处。企业应当通过道德教育建立组织文化，奖励道德行为的一致性，使所有员工最终采用这样的行为模式，并在供应链管理中积极秉持道德价值观与标准，从而提升企业供应链社会责任的整体表现。

最后，本研究结果还表明，道德教育可非常有效地在整体上促进个体决策者的道德行为，尤其是在考虑道德动态时。虽然道德动态表明所有个体决策者面临潜在不道德行为获益的诱惑，其行为可能会在道德行为与不道德行为之间切换，但道德教育可有效地提高个体决策者不仅道德还一致地行事的总倾向。

与其他相关研究的发现（Armstrong et al.，2003；Luthar et al.，2005）相似，道德教育的获益在本研究中也以多种方式表现出来。但这些表现很可能均源于个体决策者行为模式或心态的根本变化。本研究发现，个体决策者因基础心态的不同表现出两种截然不同的道德动态。道德教育可有效地促使个体决策者采用道德心态（与情境心态相对），该心态的特征是有显著更高的且前后一致地道德行事的总倾向。该心态下，个体决策者在道德决策过程中出现行为前后不一致的风险变得极低。这些结果可能表明，长期来看，企业应当集中资源来培养供应链管理者，使其形成道德心态，而非监控和消除个别具体不道德行为。

4.7.2　未来研究方向

本研究属于系统性考察供应链社会责任情境下道德决策过程动态特征的首次尝试。未来研究可进一步考察其他重要性格或情境因素对个体决策者在道德决策过程中行为表现的长期影响。例如，未来研究可以考察包括决策所隐含的道德强度（Singhapakdi et al., 1996；Thong et al., 1998）、组织内的道德氛围（Pierce et al., 2008）以及个体决策者所表现出的组织公民行为（Brown et al., 2006）等重要因素。

更为详细地探究本研究中所提出的两种心态（道德心态与情境心态）可能同时具有理论和实践意义。另一个有待研究的问题是，相对一种心态，个体决策者在何种情况下会更可能采用另一种心态？此外，本研究利用数据驱动的方法推导出了两种心态。该方面工作的下一步可以是基于理论正式将这些心态概念化，并开发相应的衡量指标以便将来进行实证研究。

考察现有文献中已识别的管理手段的长期有效性也将是一项有意义的工作。例如，Tenbrunsel 等（2003）提出，企业可通过建立由正式沟通、监督和惩罚制度构成的道德基础框架来促进道德行为。未来研究可考察这些管理手段仅具有短期影响还是可长期降低员工参与不道德行为的可能性。

4.8　本章小结

本研究检查了供应链社会责任情境下道德决策的动态特征。本研究发现，个体决策者在引发道德考量的决策中表现出动态模式。本研究还考察了道德教育促进道德决策前后一致性的有效性。本研究建立了专门的统计模型来反映道德动态的不同方面，利用实验，得出了同时具有理论和实践意义的重要结论。

第 5 章

本研究总体讨论——促进供应链社会责任
背景下道德决策实践的探索方向

5.1 引言

首先，本章将综合讨论本研究的重要发现。第 3 章和第 4 章包含了重要的理论和实证结果。本质上，本研究考察了供应链社会责任背景下道德决策过程的两个维度，即幅度维度和时间（纵向）维度。本研究证明，个体决策者在确定不道德行为的幅度时表现出了复杂的行为模式。此外，个体决策者当前的决策可能会受到既往决策的影响。

其次，本章将讨论研究结果中反复出现的共同主题，以期能够提供有关供应链社会责任背景下道德决策的重要启示。本研究的探索性分析发现，在供应链社会责任背景下，个体道德决策过程中可能存在两种普遍性的心态。具体而言，采用道德心态的个体决策者倾向于主要关注维护道德标准，因此行为更为道德与一致。在采用情境心态时，个体决策者更可能会着重考虑可从不道德决策中获得的潜在利益。在该情况下，他们更可能参与不道德的供应链决策。

最后，本章将根据研究结果探索性地提出一种促进供应链社会责任背景下道德决策实践的管理手段。本章提出，对于三种常见的可促进道德决策实践的管理手段，即道德监督、道德惩罚和正式沟通，其有效性因个体决策者在供应链相关决策中采用的主要心态不同而不同。而后，本章提出了另一项实验研究——将管理手段与所推测的个体决策者心态相匹配，认为恰当、适配的管理手段可作为矫正方法纠正供应链管理者的不道德行为。

5.2 道德决策过程的两个维度

本研究探索了道德决策过程的两个维度，即幅度维度和时间维度。本研究全面描述了个体决策者如何处理供应链管理中的道德决策，以期为现有供应链社会责任相关文献作出贡献。本研究表明，对于引发道德考量的供应链管理决策，幅度维度和时间维度均对参与者的决策有显著的解释力。

5.2.1 道德决策中的幅度维度

本研究的第 3 章聚焦道德决策过程的幅度维度。该部分尝试解答个体决策者在供应链管理决策中如何确定自身不道德行为幅度的一般性问题。为概念化该决策过程，我们提出了将不道德行为的幅度视为一个范围的理论框架（参见第 3 章图 3.3）。不道德行为的幅度为 0 的决策可被视为完全符合道德规范。但随着决策偏向范围的右侧，不道德行为的幅度会增加。

就不道德行为幅度的概念化而言，本研究提出的理论框架含有三大意义。

第一，该框架并未将道德决策过程的结果简化为道德行为与不道德行为，相反，其允许不道德行为具有不同的幅度。换言之，框架在理论上考虑了既不完全道德、也不完全不道德的决策。

第二，不道德行为的幅度与对应决策的实质意义相关联。换言之，不道德行为的幅度可能会超出特定阈限值，导致个体决策者不得不重新评估自身作为符合道德的人的自我形象。因此，个体决策者在道德决策中的行为模式，可能会在该自我形象重新评估前后发生变化。例如，某一因素可能会影响个体决策者决定参与不道德行为还是道德行为的决策过程。但同一因素可能对个体决策者在确定不道德行为的实际幅度时没有实际影响，因为个体决策者已在决定不道德地行事后重新评估自身的道德自我形象。

第三，不道德行为的幅度同时受到两种相反作用力的影响。一方面，个体决策者有维持其道德自我形象的倾向。通过该机制，不道德行为的幅度会被驱向范围的道德一侧。另一方面，个体决策者也有动机不道德地行事以最大化利益——无论是个人层面的利益还是组织层面的利益。从这个意义上说，不道德行为的幅度会随着个体决策者力求最大化其不道德行为导致的利益而升高。

基于该框架，本研究利用实验来探索不道德行为的幅度在供应链管理道德决策中是如何被确定的。实验基于供应链社会责任情境，要求被试对象做出引发道德考量的决策。具体而言，在密封投标过程中，实验让被试对象选择向来信请求的供应商透露最低单位投标价格以换取经济利益（组织成本降低与个人奖金提高）。被试对象可在道德的决策（即不透露信息）与不道德的决策（即透露信息以换取经济利益）之间选择。此外，被试对象还可选择报一个低于其所收到的真实最低单位投标价格的价格，这样的话，被试对象的行为不仅仅不道德，还不诚实。但在该情况下，被试对象可因降低更多成本而获取更多经济利益。

该实验设计为观察不道德行为幅度的完整范围提供了机会：

（1）被试对象不透露最低单位投标价格信息的道德的决策；

（2）被试对象透露真实最低单位投标价格以获取经济利益的不道德但诚实的决策；

（3）被试对象报一个低于真实最低单位投标价格的价格以获取更多经济利益的不道德且不诚实的决策。

实证结果的确为我们所提出的理论框架提供了支持。

首先，实验观察到不道德行为幅度的完整范围（道德的决策、不道德但诚实的决策，以及不道德且不诚实的决策）。

其次，这三种决策对个体决策者施加了不同水平的心理影响，表明在个体决策者的行为不道德幅度增加时，个体决策者会重新评估自身的道德自我形象。

最后，所报告不道德行为的幅度会在两种作用力（维持道德自我形象与最大化利益）发生改变时受到影响。

这些结果表明，我们所提出的框架可以为不道德行为幅度的相关实证研究提供指引。

将该框架作为范式，本研究还考察了两个重要的条件因素对不道德行为幅度的影响。第一个因素与不道德行为的后果相关。结果显示，在决策会对他人产生不利后果时，个体决策者的不道德行为会倾向于降低幅度。第二个因素与操纵不道德行为产生的受益人或利益的激励机制相关。整体上，当其他组织成员（除个体决策者自身外）会受益于不道德的决策时，个体决策者倾向于提高其不道德行为的幅度。

5.2.2 道德决策的时间维度

本研究的第 4 章考察了供应链社会责任背景下道德决策的时间维度。具体而言，该章研究了道德动态，即供应链管理中引发道德考量的连续决策之间的跨期关系。该章的主要目的是探索个体决策者随时间推移如何处理供应链管理中的道德决策。此外，该章还探索了提供道德教育是否对供应链社会责任背景下的道德动态有积极的影响。

该章探索了道德动态三个相关但不同的方面。

第一，我们探索了个体决策者面临供应链管理中引发道德考量的连续决策时参与不道德行为的总体趋势。

第二，我们探索了道德决策过程中的一致性／不一致性。在个体决策者做出供应链管理中引发道德考量的连续决策时，其可能会以前后一致的方式道德或不道德地行事，或者在道德行为与不道德行为之间切换。我们还探索了四种动态模式：

（1）连续道德地行事；

（2）从道德行为切换为不道德行为；

（3）从不道德行为切换为道德行为；

（4）连续不道德地行事。

第三，我们分析了个体决策者易表现出道德失灵的倾向程度。具体而言，该分析关注个体决策者在既往决策中道德地行事的情况下于某一次不道德地行事的可能性。

为实证性考察道德决策中的这些动态行为模式，本部分进行了一项为期 12 周的纵向研究。实验研究包含供应链社会责任背景下引发道德考量的 10 个决策情境。在各决策情境中，实验要求被试对象选择道德还是不道德地行事。被试对象分为两个组，实验组在 12 周内定期接受道德教育。这种实验设计使得我们能够观察个体决策者道德决策过程的连续决策结果，并评估道德教育对道德动态的影响。

一组实证分析对道德动态的三个方面进行了检查。

首先，结果表明估计得到的参与不道德行为的总体趋势约为 48.41%。但道德教育可显著降低该趋势至 32.71% 左右。

其次，个体决策者表现出了所有四种动态模式，表明他们在整个实验中同时会一致以及不一致地行事。对于已接受道德教育的个体决策者，其道德行为的一致性要更高；其以一致的方式不道德地行事的可能性也要更低。

最后，接受道德教育的个体决策者在既往道德地行事后更不容易表现出道德失灵。

总体而言，结果表明道德教育的影响有三个方面，各对应道德动态的一个方面。道德教育会增加个体决策者参与道德行为（与不道德行为相对）的整体趋势，还会促使个体决策者在多个决策中表现得更为一致。道德教育还对个体决策者的行为模式具有强化作用，使其能够在一贯道德地行事之后继续保持行为符合道德规范。

5.2.3 道德决策过程的复杂性

本研究各项结果表明，个体决策者在道德决策过程中表现出复杂的行为模式。在做出供应链社会责任管理中引发道德考量的决策时，个体决策者不仅需要决定是道德还是不道德地行事，而且在已决定不道德地行事的前提下还需要决定其不道德行为的幅度。在考虑连续决策之间的跨期关系后，道德决策过程变得更加复杂。个体决策者的既往决策会影响其当前的决策。该影响会发生变化，促使当前的决策偏向或偏离既往决策，这进一步增加了道德决策过程的复杂性。

总结而言，本研究的结果表明了供应链管理中道德决策过程的复杂性。现有文献一致表明道德决策是一个复杂的问题，因其可能会受到各种因素的影响（O'Fallon et al.，2005；Craft，2013）。本研究进一步表明复杂性可能源于道德决策过程的多维性质。

5.3 道德决策过程中的心态

虽然道德决策过程极为复杂，但这些研究中出现的共有主题可能能够全面描述个体决策者如何处理供应链社会责任背景下的道德决策。本研究第4章考察了道德动态的三个方面，表明道德教育的影响分为三个层面（即提高参与不道德行为的总体趋势、提高参与道德行为的一致性，以及强化长期的道德行为模式）。第4.6.2节（第4章）显示，个体决策者在道德动态中可能会表现出两种潜在心态，即道德心态和情境心态。所观测到的道德动态的三个方面实际上可能是对个体决策者所采用潜在心态的反映。道德教育可能并非分别影响道德动态的三个方面，其可能会引发个体决策者行为模式的彻底转变，使其从情境心态转变为道德心态。

5.3.1 道德心态与情境心态

如表4.8（第4章）所示，道德心态意味着道德且一致的行为模式，采用这种心态的个体决策者很可能随时间推移在多次决策中均道德地行事。个体决策者在道德行为与不道德行为之间转变的可能性极低。个体决策者在采用情境心态时更可能在道德行为和不道德行为之间切换。而且，此时个体决策者参与不道德行为的总体概率要高得多。

在比较这两种心态时，道德心态意味着更多地关注道德地行事本身。秉持道德标准的思想主导了道德决策过程，使个体决策者极少不道德地行事以获取经济利益。采用道德心态的个体决策者极少从道德行为切换到不道德行为，该事实即反映了这一特征。即使个体决策者做出了不道德的决策，其也几乎会在面临另一个引发道德考量的决策时立即切换回道德行为。

相比较而言，情境心态意味着决策过程更基于当前决策的情况。在个体决策者采用情境心态时，其更能意识到或更重视不道德行为带来的潜在经济利益。其更可能在特定情况下参与不道德行为。该理由解释了为什么当个体决策者采用情境心态时，我们观测到其道德行为与不道德行为之间存在高概率的相互转换。在情境心态主导的决策中，与不道德行为相关联的潜在利益在决策过程中更突出，导致个体决策者参与不道德行为的总体可能性更高。

5.3.2 一般意义下的道德心态与情境心态

第 4 章中，我们根据实证分析归纳得出了两种心态。该部分已证明，区分两种心态有助于从纵向角度解释个体决策者在道德决策中的行为表现。但结果显示，在其他道德决策背景中也可能会发现相似的潜在的心态区分。本节将说明，在确定不道德行为幅度的决策过程中也可从道德心态和情境心态的理论视角进行分析。

在第 3 章所描述的主实验研究中，被试对象被要求提供其决策背后的依据。具体而言，在决策（即是否透露最低单位投标价格给请求的供应商）完成之后，实验要求被试对象回答一个开放性问题（"我决定采取该特定行动是因为……"），说明其决策的理由。然后再要求被试对象评定其决策背后的决策动机（具体测量方式见前文第 3.3.2 节）。如此一来，实验收集了有关被试对象在本研究中如何看待其决策的有关信息。

为考察本研究中是否存在道德心态与情境心态，我们对所获得的有关被试对象决策动机的数据进行聚类分析。本研究使用了 k 均值聚类法，其中聚类数量指定为两个，以探索决策过程中是否存在两种心态。由于 k 均值聚类法以预先确定的聚类数量为基础，我们重复使用了不同聚类数量的 k 均值聚类分析以确保将观测值分为两个聚类的确最好地描述了所观测的数据。遵循 Rousseeuw（1987）的方法，计算得到各聚类分析的平均轮廓系数（silhouette coefficient）以评估最优聚类数量。如图 5.1 所示，在预设聚类数量为两个时平均轮廓系数最高，表明所收集数据中的确存在两个分组。

为描述这两个聚类的特征，我们绘制了被试对象所报告的 8 个决策动机的平均分（参见图 5.2）。该图表明两个聚类之间具有明显不同。具体而言，分组到聚类 1 的个体决策者的决策动机 6 和 7（"……分享该信息是不道德的"以及"……分享该信息违反了道德标准"）报告评分要显著更高。但属于聚类 2 的个体决策者的决策汇报的其他与不道德决策所带来潜在利益相关的动机评分更高（参见附录 C.1）。

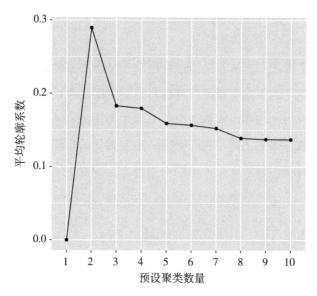

图 5.1　最优聚类数量分析

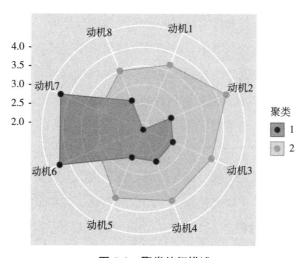

图 5.2　聚类特征描述

因此我们发现，聚类 1 中的个体决策者更倾向于在决策时关注道德标准。相反，聚类 2 中的个体决策者更重视与决策相关的潜在利益。从这个意义上说，两个聚类分别反映了在第 4 章所识别的道德心态和情境心态。为证明这两种心态的确为划分两个聚类背后的驱动力量，我们进行了因子分析，以将 8 个动机降低为 2 个维度的数据（参见附录 C.1）。与图 5.2 所示的视觉证据一致，动机 6 与动机 7 与其他动机显著区分，属于一个 factor loading 较大的独立因子。该结果提供了进一步的证据，表明个体决策者存在两种不同的心态。

根据因子分析，我们将与道德／情境心态对应的项目求和，以进一步计算心态的两个衡量值。第一个衡量值"道德"反映了个体决策者在决策过程中对道德标准的重视程度。第二个衡量值"利益"反映了决策过程中不道德行为可获得利益的显著性。图 5.3 绘制了各被试对象两个因子的分值。该图显示，对道德标准的重视程度，以及不道德决策带来的利益的确是聚类分析的主要标准。聚类 1 中的个体决策者（对应道德心态）更重视道德维度。聚类 2 中的个体决策者（对应情境心态）更强调利益维度。

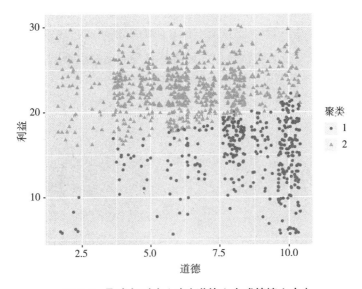

图 5.3　聚类与对应心态（道德心态或情境心态）

总之，本节的分析表明，从有关供应链管理不道德行为幅度的研究中也可以推导出两种潜在心态。与本研究中有关道德动态的潜在心态相似，两种潜在心态本质上描述了个体决策者对秉持道德标准与获得利益的重视程度。采用道德心态的个体决策者注重在道德决策过程中秉持道德标准。相反，由情境心态主导的个体决策者则注重获取参与不道德行为带来的潜在利益。

5.3.3　道德心态与情境心态的进一步证据

上文已表明本研究第 3 章的实验研究可推导出两种潜在心态。这两种潜在心态的特征刚好与第 4 章所识别的道德心态和情境心态的特征吻合。本节将提供支持这些发现的更多实证性证据。

一个可能的观点是，由于实验在决策之后才测量个体决策者的动机，这些动机可能并未正确反映个体决策者在决策过程中对决策的思考或考量。相反，动机可能仅反映被试对象如何在决策后证明自身决策的正当性。从本质上来说，决定道德地行事的个体决策者可能自然而然地会从秉持道德标准的角度来辩护自身的决策。以相同的逻辑，不道德地行事的个体决策者也会从获得潜在利益的角度来辩护自身的决策。

但是，实验收集的数据表明，所收集的动机并非仅是被试对象在决策之后的自我说明。如图5.4所描述的，个体决策者做出的决策与其对道德标准及获取利益的重视程度并不严格相关。换言之，最终不道德地行事的个体决策者可能不仅考虑了秉持道德标准，还考虑了获取利益。同样地，做出不道德决策的个体决策者可能并未完全忽视秉持道德标准的重要性。所说明的动机并非仅体现了被试对象在决策后如何证明自身决策的正当性，而是可能的确反映了被试对象如何看待自身的道德决策以及如何在决策过程中评估自身的决策。

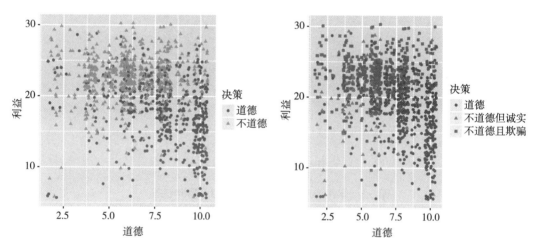

图5.4 决策心态与最终决策的相关性

有关推论的另一潜在担忧是，被试对象仅针对8个预先设定的动机做出回应。还可能存在实验预先提供的动机未能揭示的其他潜在心态的可能。为证明所推导出的潜在心态（道德心态与情境心态）足以描述个体决策者如何对待道德决策，我们还利用被试对象对开放性问题的回答进行了文本分析。

在被试对象决策后，实验要求其用文字的方式解释其如何/为何参与道德/不道德行为。分析该文本数据能够解释个体决策者在道德决策过程中的思维和心理模式。为进行文本分析，我们删除了不包含任何道德决策过程信息的停顿词（如"the""of"和"to"）（Joachims，1998）。整理后，文本分析的数据来源为来自实验被试对象的共809份书面回答。书面回答的示例，参见附录C.2。

图 5.5 显示了按所推导心态分组的文本中出现最多的 30 个词语。比较两种心态可知，文本中一致地出现了数个关键词，与个体决策者在决策过程所采取的心态无关。这些常见词包括"company（公司）""price（价格）""bid（投标）""business（商业）"和"supplier（供应商）"，基本反映了决策情境本身，而非被试对象如何看待道德决策。相比较而言，有多个关键词仅出现在其中一种心态中。

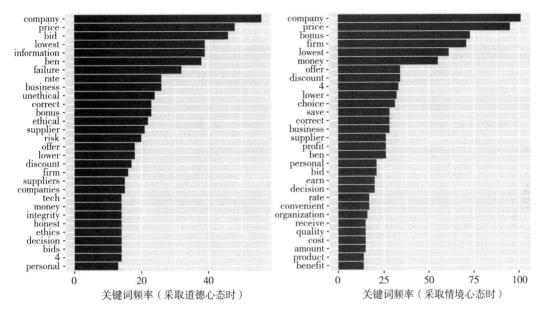

图 5.5　在描述决策过程中对应两种心态的主要关键词

表 5.1 分别总结了出现在被聚类到道德心态和情境心态的个体决策者所书写文本的独有的部分有实质区别关键词。

表 5.1　独有的部分有实质区别关键词

心态	关键词
道德心态	information, failure, unethical, ethical, risk, tech, integrity, honest, ethics
情境心态	choice, save, profit, earn, convenient, organization, receive, quality, cost, amount, product, benefit

一方面，在个体采用道德心态时，他们更可能提及反映决策所引发的道德考量以及后果的词语。

另一方面，采用情境心态的个体决策者往往关注潜在利益。这些关键词基本上与决策所涉及的交易方面相关。

这两组独有的关键词再次反映了从基于动机的聚类分析推导得出的两种心态。另外，文本分析并未发现与所识别道德心态及情境心态不同或有偏差的其他心态。因此，道德心态与情境心态两者可能足以整体性地描述个体决策者的道德决策过程特征。

5.4 促进供应链管理中的道德实践

本节将讨论前面章节所揭示的道德决策潜在心态的实践意义。具体而言，本研究认为，企业可根据员工在道德决策中的潜在心态来选择最恰当的管理手段，从而有效地促进供应链社会责任背景下的道德实践。

目前，研究者已开发了各种理论模型来预测引发道德相关问题时的个体行为。依据 Rest（1986）的观点，道德决策包括四个成分，即道德意识、道德判断、道德意图和道德行动。此后的道德研究多关注识别可能通过一个或多个组成部分影响道德决策的因素。例如，此前研究已表明性别、年龄、专业经验和文化背景等个人因素可能会显著影响个体决策者参与不道德行为的倾向（Cohen et al.，2001）。在组织场景中，个体决策者的道德决策还受到道德氛围——Victor 等（1988）将其定义为组织成员间有关组织内道德的标准和内涵的共有认识）、社交网络（Brass et al.，1998）、道德领导力（Treviño et al.，2003）和组织内的道德讨论程度（Bird，1996）等因素的影响。

虽然关于商业道德的研究不断增多，但是现有的道德决策模型基本上为探索性和相关性的（Tenbrunsel et al.，2010）。目前仍不清楚其对个体决策者选择道德/不道德地行事的预测在不同情境中是否都有效（Kish-Gephart et al.，2010）。更为重要的是，极少有研究应用现有理论发现来指导管理者促进组织内的道德实践（Rottig et al.，2011）。从实践角度看，现在的多数企业都采取一些正式的管理手段来处理组织内的道德问题（Treviño et al.，1999）。但这些手段的有效性通常没有定论。例如，正规的管理手段或道德准则通常作为一种管理策略在企业内得到支持与实施。但此前研究已证明，这样的策略在促进道德行为方面并非始终有效（McCabe et al.，1996）。因此，企业需要实施最有效的管理手段来促进道德实践，因为实施这些管理手段的成本可能会很高，且道德问题可能会带来严重的相关后果（无论是声誉上、合规上，还是财务上的）。由于实施不恰当手段可能反而会导致不道德行为发生率升高，所以选择合适有效的管理手段尤为关键（Tenbrunsel et al.，1999）。

5.4.1 促进道德实践的管理工具

本研究的结论揭示出，预测个体决策者在道德决策过程中的行为模式是对提升供应链社会责任管理手段、促进道德决策效率的一种有效探索。以此为基础，研究者可以识别何种特定管理工具能够最为有效地促进道德实践。

现有文献一般考察三种不同类型的管理工具，即道德监督、道德处罚和正式沟通。在 Tenbrunsel 等（2003）影响甚广的研究中，他们提出了一个称为"道德基础设施"的大概念，代表了企业用于影响个体决策者道德决策的管理工具体系。根据他们的分类，正式沟通（即正式传达行为准则或道德准则等道德价值观和原则的管理手段）、道德监督（监测道德或不道德行为的管理手段）与道德处罚（奖励或惩罚道德相关行为的管理手段）是最常用的工具。

这些管理工具影响行为的有效性可能因个体决策者道德决策潜在心态不同而有所差异。本研究认为，关于道德标准的正式沟通在个体决策者主要由道德心态引导且并不注重道德标准所带来的潜在经济利益时最为有效。相反，对于由情境心态引导且决策中道德考量并不突出的个体决策者，将道德监督和道德处罚相结合可能更为有效。

5.4.2 道德决策中的主导心态

如第 5.3.2 节中所探讨的，个体决策者在道德决策中既可能采用道德心态，也可能采用情境心态。道德心态关注决策所引发的道德考量。情境心态主要关心决策过程所涉及的潜在利益。个体决策者可能会在决策时倾向以某种特定心态作为行为模式。换言之，面对引发道德考量的决策时，个体决策者可能更倾向于依赖道德心态或情境心态。现有研究已提供一定证据，表明个体决策者可能会在决策时偏向于特定行为模式。按照这个逻辑，我们通过研究可以识别个体决策者偏向于道德心态还是情境心态的整体趋势。切换到另一心态可能会比较困难，因为切换必然会导致个体决策者总体行为模式的剧烈改变（参见第 4 章）。

在采用情境心态时，利益考虑可能在个体决策者的决策过程中占主导地位。为获得潜在的利益，个体决策者可能会对不道德行为的相关潜在结果进行成本 – 获益分析。在该情况下，若经济奖励较高、被抓到概率较低以及惩罚强度较低，则个体决策者更可能参与不道德行为（Mazar et al.，2008）。按其定义，道德监督和道德处罚紧密对应经济模型的元素。道德监督使企业有能力监控组织成员行为并因此增加发现个体决策者不道德行为的概率。在道德处罚制度到位时，对不道德行事的个体决策者的惩罚可以实现制度化、正式化，同时还可作为针对维持道德的个体决策者的奖励机制，为其增加替代选项（即不参与不道德行为）的吸引力。因此，道德监督和道德处罚可直接影响不道德行为被发现的概率与惩罚的强度，将这两种手段相结合可更为有效地在个体决策者采用情境心态，并由此评估不道德行为相关成本与获益的情况下影响其行为。因此，本研究提出以下观点：

与道德监督和道德处罚相关的管理工具能够更为有效地促进采用**情境心态**的个体决策者在供应链社会责任背景下的道德实践。

此前的研究已表明，正式沟通对道德决策的影响并不明确（Kish–Gephart et al.，2010）。换言之，该类管理工具可能并不能有效地促进道德实践。正式沟通可能仅对倾向于在决策中引发道德考量的特定类型的个体决策者有效。正式沟通可作为帮助组织成员内化道德标准，并真正在决策时如此行事的重要手段。该背景下，个体决策者更有可能真正地内化这些标准，因为重复通常与学习和记忆的内容数量保持正相关（Zajonc，1968；Zajonc et al.，1974）。总体上，正式沟通可能会对个体决策者道德意识的敏感性有积极的影响，因其会增加个体决策者觉察道德可疑行为的概率（Rottig et al.，2011）。这样的影响可能仅在个体决策者易于在其决策过程中引发道德考量的情况下显著。因此，本研究提出以下观点：

与正式沟通相关的管理工具能够更为有效地促进采用**道德心态**的个体决策者在供应链社会责任背景下的道德实践。

5.4.3　法律法规和政策工具与供应链管理中的道德实践

在供应链社会责任管理中，法律法规与政策工具同样扮演着至关重要的角色。长久以来，如何实现供应链经济效益与社会责任互相平衡、互相促进，一直是学术研究和供应链实践者都需要回答的关键问题（李伟阳等，2011）。法律法规与相关政策工具，是实现供应链经济效益与社会责任调和统一的必要因素。在当前经济背景下，供应链的复杂性和其跨地域、跨行业的特性，都极大地提升了达成经济效益和社会责任平衡的难度。具体来说，尽管本研究主要聚焦个体决策者的相关决策（尤其是涉及供应链社会责任情境中道德考量的相关决策）对供应链社会责任的影响，法律法规与政策工具在根本上仍对个人和组织在供应链中的行为提供了必要的框架和指导。

首先，法律法规为供应链管理者的道德决策过程设定了基础标准，要求决策者在其运营中遵守特定的道德准则和合规要求。随着企业社会责任不断受到社会关注，提升社会责任表现已经成为政策制定中需要考量的重要方面。因此，法律法规与政策工具可以有效明确供应链实践中企业必须履行的主要社会责任，如禁止雇用童工，确保工作场所安全，保护环境，以及促进公平交易等。这些法律法规和政策工具不仅有助于防范企业社会不负责任行为，也为因企业社会不负责任行为受到损害的相关方（如个人等）提供了调解、救济、赔偿等必要途径。从这方面考虑，法律法规与政策工具，为供应链管理者设定了最低的道德和社会标准，从而对供应链社会责任提供了保障。

其次，政策工具通过提供激励措施和支持，也可以极大鼓励企业主动积极地履行企业社会责任。这些政策工具可能包括税收优惠、资金补助或者技术支持等多种形式，可以引导和鼓励企业积极落实供应链社会责任相关举措。例如，中华人民共和国国务院办公厅在2017年发布了《关于积极推进供应链创新与应用的指导意见》，鼓励建立绿色供应链，包括大力倡导绿色制造、积极推行绿色流通、建立逆向物流体系等。这些政策工具在为企业提供履行社会责任的坚实政策支持的同时，明确了政策所鼓励的企业履行社会责任的具体行为，也为供应链管理者提供了履行企业社会责任的明确方向。因此，无论是从提升社会责任驱动力（经济效益）的角度，还是从强化社会责任标准在日常决策中的重要性的角度，政策工具都可以有效引导供应链管理者的决策过程，进而提升企业供应链社会责任表现。

最后，政策工具还可以提升供应链透明度，从而明晰企业在供应链实践中的社会责任表现。例如，政策制定者可以鼓励企业披露其供应链中有关环境和社会影响的相关信息，从而增加企业履行社会责任的透明度，帮助政府、消费者、投资者、供应链伙伴等利益相关者及时获得相关信息。例如，近年来，我国越来越多的上市企业开始披露年度企业社会责任报告。供应链社会责任透明度的提升，不仅有助于企业提升合规表现、建立良好公众形象，还能促使企业中的供应链管理者进行自我审视和改进，以更好地符合履行供应链社会责任的要求。透明度的增加也为利益相关者提供了评估企业供应链社会责任表现的依据（例如帮助消费者选择产品、帮助投资者决定投资对象），从而最终为企业提升供应链社会责任表现提供个体决策者层面的自驱力。

综上所述，法律法规与政策工具在供应链社会责任决策中起到重要作用，不仅设定了供应链道德决策过程的最低标准，也通过激励和引导，鼓励企业自发寻求提升供应链社会责任表现的管理实践方法。具体到供应链日常管理中，通过要求企业在供应链中实施相应的社会责任标准，法律法规与政策工具也将促使企业与其供应商和客户就共同的社会责任目标进行有效沟通和协作。因此，供应链管理者在决策中，不仅需要考量经济效益，还必须时刻注重考虑环境保护、劳工权益、公平交易等社会责任要素。正如前文所提出的，供应链管理者的个体决策，直接影响企业如何在追求经济效益的同时，实现社会责任的有关目标。供应链管理者的决策需要时刻考虑法律法规和政策工具对企业供应链行为的导向作用。另外，供应链有效协作是提升供应链社会责任表现的必要条件（Holweg et al., 2007）。因此，供应链管理者还需要通过与供应链伙伴积极沟通和合作，推动供应链所有成员向共同的社会责任目标努力。

5.4.4 未来研究展望

实证性地检验个体决策者主导心态与不同管理工具的关系，应当是未来供应链社会责任背景下道德实践研究的一个重要方向。具体来说，在个体决策者主导心态既定的情况下，评估不同管理工具（道德监督、道德处罚和正式沟通）对个体决策者道德决策过程的影响，是对上文中研究的自然延展。我们此前已采用数据驱动的方法识别了这两种心态（即道德心态与情境心态）。实践中，为了识别出最为有效的管理工具，管理者需要在实施管理手段之前测量个体决策者的主导心态。因此，本研究提出一个未来研究的重要方向。

第一步，未来研究应该开发能够预测个体决策者在道德决策中倾向于采用何种心态的测量工具。

第二步，未来可开展实验性研究来评估管理工具的有效性。实验开始时，将被试对象随机分配到实验组或对照组。再通过已开发的工具测量被试对象的道德决策主导心态。而后要求被试对象进行特定涉及供应链社会责任的道德决策，并可利用与本研究所开展的两项实验研究相似的实验基于情境进行研究。对于实验组的被试对象，可向其分配特定类型的管理工具（正式沟通、道德监督或道德处罚），使管理工具与个体决策者的主导心态匹配。例如，如果个体决策者最可能采用情境心态，则为其分配道德处罚制度作为管理工具。对于对照组的被试对象，研究者可以随机分配管理工具，不与对其预测的心态进行匹配。因此，可通过比较对照组与实验组的道德决策结果，揭示在选择管理工具时考虑心态的有效性。根据本研究的各项结论，按预期，实验组的被试对象将降低参与不道德行为的可能性，因为所施加的管理手段是根据个体决策者可能具有的心态选定的。与心态匹配的管理手段可能会更为有效地促进供应链社会责任背景下的道德实践。

5.5 本研究整体结论

本研究致力于探索个体决策者参与供应链社会责任相关决策时的道德考量。供应链社会责任相关的问题是当前研究需要探索的重点。尽管研究者已经发现，供应链社会责任在个体决策者层面最终表现为道德决策，但现有文献中对供应链社会责任和道德决策相关的研究仍较为零散且不足。

在第 2 章，本研究首先对相关文献进行了较系统的整理。

随后，在第 3 章，本研究的第一部分重点考察了个体决策者在道德决策过程中如何确定不道德行为的幅度。该框架提出，不道德行为的幅度同时受到两种相反作用力的影响，即维持道德自我形象的作用力和最大化利益的作用力。

在第 4 章，本研究的第二部分考察了个体决策者在长时间中做出多个决策时所表现出的动态行为模式。该研究部分重点探索了个体决策者能否 / 何时在多次决策中保持前后一致地做出符合 / 不符合道德规范的决策。

根据以上两部分研究的理论启示和实证结果，第 5 章利用统计学方法检验供应链管理者可能具有的主导心态，包括道德心态和情境心态，并讨论不同管理工具与主导心态间的对应关系。

综上所述，本研究更为深入地探讨了个体决策者在供应链社会责任背景下进行道德决策的问题，对供应链管理和社会责任文献作出了一定贡献。本研究对供应链管理者也有重要的启示意义，尤其是在如何有效促进供应链社会责任背景下的道德实践方面。根据本研究结果，我们对两种主导心态进行了探讨，并对个体决策者如何处理供应链管理中的道德决策进行了特征描述。而后，本研究提出了可促进供应链管理中道德实践的潜在方法，即根据员工的决策主导心态来选择最有效的管理手段，从而有效提升企业供应链社会责任表现。

第 3 章附录

A.1 第 3 章实验设计补充材料

A.1.1 用于计算奖金和给予参与者现金奖励的公式

表 A.1 用于实验情境中计算奖金和给予参与者现金奖励的公式

	条件（1）奖金	条件（2）奖金
成本削减奖励	$S \times 100000 \times 1\%$	$S \times 100000 \times 50\%/50$
参与者所获现金奖励	奖金 /10000 × 0.5	

$S=980-$（参与者向泰科技术公司提交的最低单位投标价格）× (1-0.04)

A.1.2 激励机制（实验变量：受益人）

个人奖金

Your company has instituted a bonus scheme for directors alike you in order to encourage cost reduction. The top management has stipulated that you can earn a 1% bonus for every dollar below a targeted price of $980 per unit. This can lead to a considerable amount of bonus compensation since your company is expected to purchase 100000 units of transmission cases every year. In other words, you will get a annual bonus that is equal to (savings per unit from $980) × 100000 units × 1%.

您的公司已为与您类似职务的负责人制订了奖金计划，以鼓励降低成本。高层规定，若最终价格低于目标单位价格 980 美元，每节约 1 美元，您便可获得 1% 的奖金。由于公司预期每年将采购 10 万个变速箱，最终奖金额度非常可观。换言之，您最终可能得到的年终奖等于（每个变速箱较 980 美元实现的成本节约）× 100000 个 × 1%。

For example, if the final price is $979, the company will obtain a reduction of $1 per unit. Your share will be $0.01 ($1 × 1%).The total annual bonus for you will be $1000 (100000 units × $0.01).

例如，如果最终价格为 979 美元，公司每个变速箱节约了 1 美元的成本。您的分成将是 0.01 美元（1 美元 × 1%）。您的总年终奖将达到 1000 美元（100000 个 × 0.01 美元）。

If the price reduction is $10 per unit (that is, if the final price is $970), you will receive an annual bonus of $10000 (100000 units × $10 × 1%).

如果每个变速箱节约了 10 美元（即最终价格为 970 美元），您将获得 1 万美元的年终奖（100000 个 × 10 美元 × 1%）。

If the price reduction is $100 per unit (with a final price of $880), the total annual bonus for you will be $100000 (100000 units × $100 × 1%).

如果每个变速箱节约了 100 美元（即最终价格为 880 美元），您将获得 10 万美元的年终奖（100000 个 × 100 美元 × 1%）。

Cash Bonus to you as a participant:（您作为本实验参与者的现金奖励：）

The annual bonus (as calculated in the previous page) will be converted to cash at a rate of $10000 bonus to $0.50 cash, for up to $10.

年终奖（计算方式如前文所示）将按 1 万美元奖金兑换 0.50 美元现金的比例转化为现金，最高 10 美元。

For example, if the final price is $970, your annual bonus will be $10000. In this case, you will receive $0.50 in cash from the lab administrator.

例如，如果最终价格为 970 美元，您的年终奖将为 1 万美元。该情况下，您可从实验室管理员手中获得 0.50 美元。

If the final price is $880, your annual bonus will be $100000. In this case, you will receive $5 in cash from the lab administrator.

如果最终价格为 880 美元，您的年终奖将为 10 万美元。该情况下，您可从实验室管理员手中获得 5 美元。

At a final price of $780, you will receive $10.

最终价格为 780 美元时，您将获得 10 美元。

Finally, since the cash reward is capped at $10, for any final price you obtain that is below $780, you will still receive $10 when you complete the entire exercise.

最后，由于现金奖励的上限为 10 美元，对于任何低于 780 美元的最终价格，完成整个实验后，您将获得的奖励仍是 10 美元。

Your cash reward will be issued at the end of the entire exercise. If there is reward, you will receive an email from the lab administrator with instructions to obtain it.

现金奖励将在整个实验完成后发放。如果有奖励，您会收到一份实验室管理员发送的电子邮件，说明如何获取该奖励。

集体奖金

Your company has instituted a bonus scheme for employees in order to encourage cost reduction. The top management has stipulated that organization members (including you) can share a 50% bonus for every dollar below a targeted price of $980 per unit. This can lead to a considerable amount of bonus compensation since your company is expected to purchase 100000 units of transmission cases every year. There are 50 members in your organization that will share equally the bonuses. Therefore, you will get an annual bonus that is equal to [(savings per unit from $980) × 100000 units × 50%]/50.

您的公司制订了员工奖金计划，以鼓励降低成本。高层规定，若最终价格低于目标单位价格 980 美元，每节约 1 美元，公司成员（包括您）可获得 50% 的奖金。由于公司预期每年将采购 10 万个变速箱，最终奖金额度非常可观。公司内有 50 名成员会平分该奖金。因此，您得到的年终奖等于［（每个变速箱较 980 美元实现的成本节约）× 100000 个 × 50%］/50。

For example, if the final price is $979, the company will obtain a reduction of $1 per unit. You will share a bonus of $0.50 ($1 × 50%) per unit with your colleagues. The total annual bonus for you will be $1000 (100000 units × $0.50/50).

例如，如果最终价格为 979 美元，公司每个变速箱节约 1 美元的成本。您和同事将一起分享每个变速箱 0.50 美元（1 美元 × 50%）的奖金。您的总年终奖将达到 1000 美元（100000 个 × 0.50 美元 /50）。

If the price reduction is $10 per unit (that is, if the final price is $970), the organizational members will receive a total annual bonus of $500000 (100000 units × $10 × 50%). Your portion will be $10000 ($500000 / 50).

如果每个变速箱节约成本 10 美元（即如果最终价格为 970 美元），公司成员将获得 50 万美元的总年终奖（100000 个 × 10 美元 × 50%）。您将得到 1 万美元（500000 美元 /50）。

If the price reduction is $100 per unit (with a final price of $880), the total annual bonus will be $5000000 (100000 units × $100 × 50%). Your portion will be $100000 ($5000000/50).

如果每个变速箱节约成本 100 美元（即最终价格是 880 美元），总年终奖将为 500 万美元（100000 个 × 100 美元 × 50%）。您将得到 10 万美元（5000000 美元 /50）。

Cash Bonus to you as a participant:（您作为市实验参与者的现金奖励：）

The annual bonus (as calculated in the previous page) will be converted to cash at a rate of $10000 bonus to $25 cash, which is to be equally shared by the 50 organizational members. Your portion would be $0.50 cash, for up to $10.

年终奖（计算方式如前文所示）将按 1 万美元奖金兑换 25 美元现金的比例转化为现金，该现金奖励将由 50 名公司成员平分。您将获得 0.50 美元现金，最高 10 美元。

For example, if the final price is $970, your annual bonus will be $10000. In this case, you will receive $0.50 in cash from the lab administrator.

例如，如果最终价格为 970 美元，您的年终奖将为 1 万美元。该情况下，您可从实验室管理员手中获得 0.50 美元。

If the final price is $880, your annual bonus will be $100000. In this case, you will receive $5 in cash from the lab administrator.

如果最终价格为 880 美元，您的年终奖将为 10 万美元。该情况下，您可从实验室管理员手中获得 5 美元。

At a final price of $780, you will receive $10.

如果最终价格为 780 美元，您可获得 10 美元。

Finally, since the cash reward is capped at $10, for any final price you obtain that is below $780, you will still receive $10 when you complete the entire exercise.

最后，由于现金奖励的上限为 10 美元，对于任何低于 780 美元的最终价格，完成整个实验后，您将获得的奖励仍是 10 美元。

Your cash reward will be issued at the end of the entire exercise. If there is reward, you will receive an email from the lab administrator with instructions to obtain it.

现金奖励将在整个实验完成后发放。如果有奖励，您会收到一份实验管理员发送的电子邮件，说明如何获取该奖励。

A.2　实验情境真实度衡量

Perceived Realism (rate from 1—"Strongly Disagree" to 7—"Strongly Agree")(真实度衡量)(克龙巴赫系数 =0.773, 平均分 =5.6568/7)

1. The situation described was realistic.

描述的情境比较真实。

2. I had no difficulty in imagining myself in the situation.

想象自己在情境中很容易。

3. I was truly engaged with this exercise.

我在实验过程中很专注。

4. I found the exercise to be interesting.

我觉得实验情境很有趣。

A.3　个人价值观衡量

表 A.2　个人价值观衡量因子分析

价值观	Factor Loading	CR
对于以下个人价值观，请做出回答（实验中使用英文） （1—"强烈不同意"→7—"强烈同意"）		
Benevolence (Cronbach's alpha=0.791)		0.7727
Honest (genuine, sincere)	0.836	
Loyal (faithful to my friends, group)	0.649	
Responsible (dependable, reliable)	0.646	
Helpful (working for the welfare of others)	0.567	
Hedonism (Cronbach's alpha=0.670)		0.6643
Pleasure (gratification of desires)	0.775	
Self-indulgent (doing pleasant things)	0.588	

价值观	Factor Loading	CR
An enjoying life (enjoying food, sex, leisure, etc.)	0.517	
Adventurism(Cronbach's alpha=0.717)		0.7112
A varied life (filled with challenge, novelty and change)	−0.684	
Daring (seeking adventure, risk)	−0.676	
An exciting life (stimulating experiences)	−0.654	
Universalism (Cronbach's alpha=0.791)		0.738
Social justice (correcting injustice, care fore the weak)	−0.93	
Equality (equal opportunity for all)	−0.696	
Achievement (Cronbach's alpha=0.592		0.6055
Successful (achieving goals)	0.792	
Influential (having an impact on people and events)	0.513	

A.4 个人价值观变量选择

表 A.3 个人价值观变量选择（利用 OLS 模型和 Logistic Regression 模型）

	模型因变量	
	实际单位采购价格 (OLS)	道德 / 不道德 (Logistic)
Intercept	919.557*** （32.935）	−0.572（0.810）
年龄	−1.269（4.068）	−0.073（0.098）
性别（女性）	28.370*** （5.434）	−0.379*** （0.132）
家庭收入	4.577*** （1.502）	−0.055（0.036）
惩罚严重程度 （reversed−coded）	−14.588*** （1.609）	0.368*** （0.041）
道德基础设施	10.045*** （1.999）	−0.140*** （0.049）
Benevolence	3.302*** （1.156）	−0.056** （0.029）
Hedonism	−5.336*** （1.251）	0.098*** （0.031）
Universalism	−0.560（1.476）	0.020（0.036）
Adventurism	−0.454（0.982）	−0.015（0.024）
Achievement	− 1.494（1.652）	0.060（0.040）
N	1133	1133
R^2	0.153	

	模型因变量	
	实际单位采购价格 (OLS)	道德 / 不道德 (Logistic)
Adjusted R^2	0.146	
Log Likelihood		−711.439
AIC		1444.879
Residual Std. Error	88.365（df=1122）	
F Statistic	20.302***（df=10；1122）	

注：*p<0.1；**p<0.05；***p<0.01。

表 A.4　个人价值观变量选择（利用 Multinomial Logistic Regression 模型）

	模型因变量	
	不道德但诚实	不道德且不诚实
Intercept	−3.902***（1.393）	−0.535（0.853）
年龄	−0.234（0.168）	−0.032（0.104）
性别（女性）	0.054（0.225）	−0.488***（0.139）
家庭收入	0.028（0.058）	−0.083**（0.039）
惩罚严重程度（reverse-coded）	0.230***（0.065）	0.406***（0.044）
道德基础设施	0.109（0.090）	−0.199^***（0.052）
Benevolence	0.013（0.051）	−0.074**（0.030）
Hedonism	−0.025（0.049）	[0.135***（0.033）
Universalism	0.044（0.061）	0.016（0.038）
Adventurism	−0.009（0.040）	−0.017（0.026）
Achievement	0.106（0.071）	0.046（0.043）
AIC	1968.561	1968.561

注：*p<0.1；**p<0.05；***p<0.01。

附录 B

第 4 章附录

B.1 情境 1

This week, you continue to assume your role as head of supply management at TW Inc., a large company that specializes in supplying transmissions to major automobile makers. To help fulfill a major production contract your company has just secured for over the next few years, you have been working hard to coordinate with suppliers to procure necessary components and parts.

本周，您继续担任泰湾公司的供应管理主管。泰湾公司是一家专门为大型汽车制造商供应变速器的公司。贵公司刚获得一份持续数年的生产大合同。为帮助履行该合同，您努力与供应商协调，以采购必要的零部件。

Your company decided to outsource the production of the transmission case, a major component of the transmission system, to an outside supplier. A few days ago, three competent and trustworthy suppliers submitted their bids with pricing information.

公司决定将变速箱的生产外包给一家外部供应商。变速箱是变速器系统的一个重要部件。数天前，三家可胜任且值得信赖的供应商提交了投标书，提供了价格信息。

Following the convention in the industry, the bidding prices and cost information are supposed to be kept as confidential knowledge since it discloses their cost and pricing information. Therefore, the way such bidding process works is that bidders have no way of knowing others' bidding prices. Because all these suppliers are more than capable of delivering the products on time and with satisfactory quality, your primary goal as the head of supply management will be to award the contract to the supplier with the lowest purchasing price. Supplier Argo asks for $1040 per unit, supplier Bestas asks for $1000 per unit, and supplier Gramatis asks for $1080 per unit.

按照行业惯例，投标价格和成本信息应予以保密，因为该信息披露了供应商的成本与定价信息。因此，该类投标过程中，投标人无从知晓其他方的投标价格。由于所有供应商均非常有能力，能够按时提供满意质量的产品，作为供应管理主管，您的首要目标是将合同授予采购价最低的供应商。供应商"阿尔戈公司"的最低投标价格是 1040 美元，供应商"贝斯特斯公司"的最低投标价格是 1000 美元，而供应商"格雷马蒂斯公司"的最低投标价格是 1080 美元。

Today, the sales director at Argo emailed you and asked if you could disclose the lowest bid you have received. If you choose to do so, they promise to beat this lowest bid by providing an additional 2% discount, which you know will lead to a unit price of $980. With each unit saving $20, your company will end up cutting spent by a total of $20 million in purchasing costs.

今天，阿尔戈公司的销售负责人发电子邮件给您，询问能否透露已收到的最低投标价格。如果选择透露，阿尔戈公司承诺提供额外的 2% 折扣，以打败该最低投标价格。如您所知，这会使单位价格变为 980 美元，每个变速箱可节约 20 美元，公司最终能够在采购成本上节约共 2000 万美元。

- MARKER QUESTION: (True/False) Your primary goal for this contract as the head of supply management is to make sure that you find the most reliable supplier among the three and award it the contract.

- 标记问题：（对 / 错）你作为供应管理主管，对该合同的首要目标是确保在三家供应商中找出最可靠的那家并授予其合同。

- INTENTION: (Likert Scale) It is likely that I will disclose the lowest bid pricing information I have received to Argo.

- 意向：（利克特量表）我可能会将已收到的最低投标价格信息透露给阿尔戈公司。

- DECISION: (Yes/No) You need to make the final decision now. Would you disclose the lowest bid you have received to Argo and potentially reduce spent by $20 million?

- 决策：（是 / 否）您现在需要做出最终决策。您是否会将已收到的最低投标价格透露给阿尔戈公司，由此可能给公司节约支出 2000 万美元?

• AWARENESS: (Likert Scale) In this encounter, a supplier is asking me to disclose confidential information.

• 意识：（利克特量表）在本情境中，供应商要求我透露机密信息。

B.2 情境 2

This week, you continue to assume your role as head of supply management at TW Inc., a large company that specializes in supplying transmissions to major automobile makers. To help fulfill a major production contract your company has just secured for over the next few years, you have been working hard to coordinate with suppliers to procure necessary components and parts.

本周，您继续担任泰湾公司的供应管理主管。泰湾公司是一家专门为大型汽车制造商供应变速器的公司。贵公司刚获得一份持续数年的生产大合同。为帮助履行该合同，您努力与供应商协调，以采购必要的零部件。

Gears are considered as some of the most critical parts in a transmission. When combined together, a series of gears adapt the output of the engine to the drive wheels. This process is necessary because the engine speed needs to be properly reduced by the gears in order to generate enough torque for the drive wheels to move the entire vehicle. In addition, by switching between different sizes of gears, the transmission controls the speed as well as the direction of the wheels (in other words, forward and reverse).

齿轮被视为变速器最重要的零件之一。一套齿轮组合可调整发动机输出，使其适应驱动轮。该过程非常必要，因为齿轮需要将发动机的速度适当降低，以给驱动轮提供足够的力矩，最后驱动整辆汽车。此外，通过不同尺寸齿轮间的切换，变速器可控制车轮的速度与方向（即前进或后退）。

TW Inc. typically contracts with Metal Works , a well-established auto gear equipment manufacturer, to procure all the gears for assembly. Metal Works operates in the U.S. and Mexico and has been one of the industrial leaders for many years. Its products are generally considered high quality thanks to Metal Works' state-of-the-art facilities and production practices. Compared to other manufacturers, Metal Works is capable of fabricating raw metal into gears at a very consistent level of accuracy. This makes their gears more reliable because the sliding frictions between gear teeth (one of the major sources of transmission failure) are minimized when the gears are precisely matched with each other.

泰湾公司一般与梅塔尔金属加工公司签订合约，采购所有用于组装的齿轮。梅塔尔金属加工公司是一家历史悠久的汽车齿轮设备制造商。梅塔尔金属加工公司在美国和墨西哥经营，多年来一直是该行业的领头羊之一。行业普遍认为其产品品质高，这归功于该公司的先进工厂与生产实践。与其他制造商相比，梅塔尔金属加工公司能够极为稳定地以高精度将金属原料制作成齿轮，这使其生产的齿轮更加可靠，因为在齿轮之间彼此精准匹配时，齿轮齿之间的滑动摩擦（传动故障的主要原因之一）可降低到最低水平。

Recently, however, it was reported that Metal Works has been inappropriately dumping cutting fluid into a river near its main production site in Mexico. Cutting fluid serves as a coolant and lubricant in metal fabrication processes such as cutting and stamping. However, such artificially synthesized fluid is considered toxic to organisms and the environment. The effects on humans, animals, and plants are rather consequential. Technically, Metal Works and other similar manufacturers are "allowed" to dump the fluid into rivers for now since such practice has not been prosecuted by Mexican law enforcement. As a result, your team recommends that TW Inc. should continue to work with Metal Works on the current contract so that TW Inc. can procure high quality gears and fulfill the order on time. There are however other suppliers who can deliver gears of similar quality and within the same timeframe. However, negotiating a new supply contract can result in higher costs because the new supplier may take advantage TW Inc.'s situation and ask for a higher price in the tune of $20 million over the contracted 100000 units.

但据近期报道，梅塔尔金属加工公司位于墨西哥的主要生产基地一直在不当地将切削液倾倒入附近的河流。切削液用作切割和冲压金属加工过程中的冷却剂与润滑剂。但该人工合成的液体被认为对生物和环境有毒，且对人类、动物和植物的影响相当严重。从技术上讲，现在"允许"梅塔尔金属加工公司和其他相似的制造商将液体排入河流，因为墨西哥执法部门未曾指控此类做法。因此，您的团队建议，对于当前的合同，泰湾公司应继续与梅塔尔金属加工公司合作，这样泰湾公司就可以购得高质量的齿轮并及时履行订单。但还有其他供应商可在相同的时限内提供相似质量的齿轮。但谈判新的供应合同可能会导致更高的成本，因为新供应商可能会利用泰湾公司的情况，要求更高的价格，对于要订立合同的 10 万个齿轮，相当于增加 2000 万美元的成本。

• MARKER QUESTION:（True/False）Cutting fluid is used in transmissions to reduce the heat generated during vehicle movements.

• 标记问题：（对 / 错）切削液用于变速器，作用是减少车辆移动时产生的热量。

- INTENTION:（Likert Scale）It is likely that I will award the contract to Metal Works.

- 意向：（利克特量表）我可能会将合同授予梅塔尔金属加工公司。

- DECISION:（Yes/No）You need to make the final decision now. Would you award the contract to Metal Works?

- 决策：（是 / 否）您现在需要做出最终决策。您是否会将合同授予梅塔尔金属加工公司？

- AWARENESS（Likert Scale）In this encounter, an attractive supplier in terms of pricing is problematic because it is damping poisonous cutting fluid into a river in Mexico.

- 意识（利克特量表）在该情境中，从价格上来说颇具吸引力的供应商可能存在问题，因为该供应商将有毒的切削液排放到墨西哥的河流中。

B.3　情境 3（在实验预测试后删除）

This week, you continue to assume your role as head of supply management at TW Inc., a large company that specializes in supplying transmissions to major automobile makers. To help fulfill a major production contract your company has just secured for over the next few years, you have been working hard to coordinate with suppliers to procure necessary components and parts.

本周，您继续担任泰湾公司的供应管理主管。泰湾公司是一家专门为大型汽车制造商供应变速器的公司。贵公司刚获得一份持续数年的生产大合同。为帮助履行该合同，您努力与供应商协调，以采购必要的零部件。

You just came back from a business trip to one of your suppliers in India (Tak Corp.). This was your first visit to this supplier's facility. Over the years, TW Inc. has been sourcing alloys from Tak Corp. through a distributor. Given the importance of the production contract your company just received, you decided to personally visit Tak Corp. to make sure that they are prepared for the large order TW Inc. will place over the next few years.

您刚出差回来，这次出差您拜访了印度的一家供应商（达克公司）。这是您首次拜访该供应商的工厂。多年来，泰湾公司一直通过一家分销商从达克公司采购合金。鉴于公司刚获得的生产合同非常重要，您决定亲自访问达克公司，以确保其为泰湾公司将在未来数年下达的大订单做好准备。

After a tour at Tak Corp.'s headquarters and production site, you concluded that Tak Corp. is fully capable of meeting the TW Inc.'s production requirements. At the end of the trip, you suddenly realized however that you did not see any female workers on the production floor. During a conversation with a production manager at Tak Corp., he told you that the company generally has a policy of hiring only male workers for production-related jobs. This is because women in India do not have a lot of work experience in factories. He also explained that hiring only men helps reduce personnel training costs and avoids disruptions associated with pregnancies.

在参观达克公司总部与生产基地后，您得出结论，认为达克公司完全有能力满足泰湾公司的生产要求。但在拜访结束时，您突然意识到未在生产车间看到任何女工人。您和达克公司的一名生产经理进行了谈话。他告诉您，达克公司的一项政策是，生产相关职位仅雇用男工人。这是因为印度的女性没有很多在工厂工作的经验。他还解释道，仅雇用男性有助于降低人事培训成本，避免与怀孕相关的工作中断。

Based on your calendar, you will need to make a decision shortly. The supplier is very reliable and cost competitive. However, you are worried with your observation that no opportunities are given to women; you are also worried on market reaction if the information was somehow leaked. You estimate that your company can save $20 million over the course of this contract if you awards the contract to Tak Corp.

根据日程，您需要立即做出决策。该供应商非常可靠且成本具有竞争力。但您对观察到的结果（即不给女性提供机会）感到忧心；还担心该信息以某种方式被泄露后的市场反应。据您估计，如果您将合同授予达克公司，您的公司可在合同期间节约 2000 万美元。

• MARKER QUESTION:（True/False）Your company has been doing business with Tak Corp. indirectly through a distributor.

• 标记问题：（对 / 错）贵公司一直通过一家分销商与达克公司间接开展业务。

• INTENTION:（Likert Scale）It is likely that I will award the contract to Tak Corp.

• 意向：（利克特量表）我可能会将合同授予达克公司。

• DECISION:（Yes/No）You need to make the final decision now. Would you award the contract to Tak Corp.?

• 决策：（是 / 否）您现在需要做出最终决策。您是否会将合同授予达克公司？

• AWARENESS:（Likert Scale）In this encounter, an attractive Indian supplier in terms of pricing is problematic because of its hiring practices.

• 意识：（利克特量表）在该情境中，从价格上来讲颇具吸引力的一家印度供应商因其雇用做法而存在一定问题。

B.4 情境 4

This week, you continue to assume your role as head of supply management at TW Inc., a large company that specializes in supplying transmissions to major automobile makers. To help fulfill a major production contract your company has just secured for over the next few years, you have been working hard to coordinate with suppliers to procure necessary components and parts.

本周，您继续担任泰湾公司的供应管理主管。泰湾公司是一家专门为大型汽车制造商供应变速器的公司。贵公司刚获得一份持续数年的生产大合同。为帮助履行该合同，您努力与供应商协调，以采购必要的零部件。

Pins are small hardware used for fastening objects or material together in manufacturing. For transmissions, TW Inc. relies on a special type of pins, the dowel pins, to align the transmission case with the internal section of the transmission. Although not as complicated as other components, pins used in transmissions are difficult to fabricate due to their small size. As a result, the delicate nature of these pins requires a lot of human labor.

插销是在制造过程中将物体或材料固定在一起的小五金制品。对于变速器，泰湾公司依赖一种特别的插销（即接合销）来对齐变速箱和变速器的内部部分。虽然不如其他部件复杂，但变速器中使用的插销因尺寸小，制作较为困难。因此，这些插销的"娇贵"性质导致需要其大量人力。

Because pins are commonly used hardware in manufacturing, there are many sellers on the market who can supply the dowel pins according to TW Inc.'s specifications. Although the unit price of pins is low, the total procurement cost is a major concern because TW Inc. will consume millions of pins for its transmission production contract in the next few years. Therefore, you need to pay special attention to the cost of purchasing these pins.

由于插销是制造业中常用的五金制品，市场上有很多卖家可供应符合泰湾公司规范的接合销。虽然插销的单位价格较低，但因为变速器生产合同，泰湾公司会在未来数年中消耗数百万个插销，这导致总采购成本成为一个大问题。因此，您需要特别重视这些插销的采购成本。

Following standard practice, you solicited and received quotes from three suppliers. After verifying their qualifications, your team concluded that all three suppliers are fully capable. Therefore, it would make the most sense to select a supplier based mainly on cost considerations.

You expect that the bid prices will be similar because there are hundreds of sellers in the market and the competition is severe. However, Sulistyo, an Indonesian company, offers a significantly lower price in the tune of $20 million over the course of the contract.

按照标准做法，您向供应商询价并收到了三家供应商的报价。在核实其资格后，您的团队得出结论，认为所有三家供应商完全具备能力。因此，最为合理的做法是主要根据成本考虑选择供应商。按您的预期，投标价格应相似，因为市场上有数百个卖家，竞争非常激烈。但一家印度尼西亚公司（苏里斯提欧公司）提供了明显更低的价格，可在合同期间节约 2000 万美元的成本。

You have heard rumors in the past that Sulistyo was involved in using child labor and that some children received harsh punishment when not performing according to expectations. Although Indonesian companies are legally allowed to employ children older than 15, these child workers should not be put in hazardous working conditions; it remains unclear whether working in pin-making facilities in Indonesia is harmful to children. However, the noisy and crowded environment in such facilities is clearly harsh to the children, who are essentially not given the opportunity to receive formal school education.

您此前曾听到流言称苏里斯提欧公司使用童工，有些儿童在表现不如预期时会遭受严重的处罚。虽然印度尼西亚的公司可合法雇用 15 岁以上的儿童，但不应将这些童工置于危险工作条件下；目前并不清楚的是，在印度尼西亚插销制作厂工作是否对儿童有害。但该类工厂嘈杂、拥挤的环境对儿童而言肯定过于恶劣，而且这些儿童基本上没有机会接受正式的学校教育。

Sulistyo claims that they strictly abide by the child labor laws of Indonesia. You suspect that using many young workers is the reason why the company can submit such a competitive bid—child workers are typically paid much less than adults. However, such practice is completely legal in Indonesia as long as the age of these workers is above 15.

苏里斯提欧公司称其严格遵守印度尼西亚的童工法。您怀疑大量使用年幼工人正是苏里斯提欧公司能够提交富有竞争力的投标价格的原因——童工的报酬一般低于成人。但只要这些工人的年龄超过 15 岁，这样的做法在印度尼西亚完全合法。

Your assistant has prepared the contract documents which will award the contract to Sulistyo. Sourcing from them will clearly lead to massive cost reduction due to the lower unit price. All you need to do is to sign the documents before they are sent to Sulistyo.

您的助理已准备好把合同授予苏里斯提欧公司的相关文件。如从该公司采购，明显更低的单位价格会大幅降低成本。您所需做的全部事情就是在发给苏里斯提欧公司前签署文件。

- MARKER QUESTION: (True/False) Only a few suppliers around the world can produce dowel pins.

- 标记问题: (对 / 错) 世界上仅有少数供应商可生产接合销。

- INTENTION: (Likert Scale) It is likely that I will award the contract to Sulistyo.

- 意向: (利克特量表) 我可能会将合同授予苏里斯提欧公司。

- DECISION: (Yes/No) You need to make the final decision now. Would you award the contract to Sulistyo?

- 决策: (是 / 否) 您现在需要做出最终决策。您是否会将合同授予苏里斯提欧公司？

- AWARENESS: (Likert Scale) In this encounter, an attractive supplier in terms of pricing in Indonesia appears to be problematic because it is using child labor.

- 意识: (利克特量表) 在本情境中，从价格上来讲颇具吸引力的印度尼西亚供应商看起来因使用童工而存在一定问题。

B.5　情境 5

This week, you continue to assume your role as head of supply management at TW Inc., a large company that specializes in supplying transmissions to major automobile makers. To help fulfill a major production contract your company has just secured for over the next few years, you have been working hard to coordinate with suppliers to procure necessary components and parts.

本周，您继续担任泰湾公司的供应管理主管。泰湾公司是一家专门为大型汽车制造商供应变速器的公司。贵公司刚获得一份持续数年的生产大合同。为帮助履行该合同，您努力与供应商协调，以采购必要的零部件。

You only have a few days to select the supplier of transmission oil pan gaskets. Gaskets are ringshaped mechanical seals that are used to fill the space between two surfaces in order to prevent leakage. Transmission oil pan gaskets are the mechanical seal between the transmission itself and the transmission oil pan. The oil pan holds the automatic transmission fluid which lubricates and cools the transmission during operation. A transmission oil pan gasket seals the gap between the transmission and oil pan so that the transmission fluid will not leak. It also prevents other liquids or substances from getting into the transmission. Therefore, although transmission oil pan gaskets are not very expensive (the typical price for each is around $47), it serves as crucial protection for the entire transmission.

　您只有几天时间来选择变速器油盘垫圈的供应商。垫圈是环形的机械密封装置，用于填补两个表面之间的空间以防止泄漏。变速器油盘垫圈是变速箱自身与变速器油盘之间的机械密封装置。油盘用于装在运行期间润滑和冷却变速器的自动传动液。变速器油盘垫圈密封了变速器与油盘之间的空隙，使传动液不会泄漏。它还可防止其他液体或物质进入变速器。因此，虽然变速器油盘垫圈并非十分昂贵（一般单价约为 47 美元），但它给整个变速箱提供了关键的保护。

Your team has been in contact with a Turkish supplier named BlackSea Industry. TW Inc. has contracted with BlackSea Industry before and the quality then was reasonable. Your team is considering purchasing transmission oil pan gaskets from them for the course of the contract because BlackSea Industry is willing to supply their products at a unit price which is $20 cheaper than the other bidding suppliers, leading to $20 million savings. After careful testing, your team suggests that the gaskets made by BlackSea Industry meet all the specifications. However, their gaskets will burn out on average at 54000 miles, which is sooner than other similar products which have a life expectancy of 90000 miles.

　您的团队已联系了土耳其的一家供应商——黑海工业公司。泰湾公司之前曾与黑海工业公司订立合同，当时该公司的产品质量正常。您的团队考虑在合同期间从黑海工业公司采购变速器油盘垫圈，因为该公司愿意以比其他投标供应商便宜 20 美元的单位价格供应产品，这可节约 2000 万美元的成本。在仔细测试后，您的团队表明黑海工业公司生产的垫圈符合所有规范。但黑海工业公司的垫圈平均会在 5.4 万英里时烧坏，寿命短于其他相似产品——其他相似产品的预期寿命是 9 万英里。

When a transmission oil pan gasket burns out, it will fail to seal the gap between the oil pan and the transmission properly, leading to transmission fluid leak. Transmission fluid leak is one of the most common mechanical failures in automobile transmissions. Fixing a transmission fluid leak may cost around $400. However, the cost can go up to more than $2000 for a customer if the transmission itself is damaged and demands complete replacement when too much fluid leaks out.

　变速器油盘垫圈烧坏后，油盘与变速器之间的缝隙将无法适当密封，会导致传动液泄漏。传动液泄漏是汽车变速器最常见的机械故障之一。修理一次传动液泄漏的可能费用在 400 美元左右。但如果传动液泄漏太多，导致变速箱本身受损，需完全更换，则客户的花费可能会超过 2000 美元。

Your team is inclined to select BlackSea Industry because their low unit price can lead to a large cost reduction. The gaskets provided by BlackSea Industry are acceptable in terms of reliability since the transmissions TW Inc. offers have a warranty that covers the first 50000 miles. However, it is likely that car owners will need to replace the gaskets soon after their warranty expires.

您的团队倾向于选择黑海工业公司，因为其更低的单位价格可大幅降低成本。从可靠性来说，黑海工业公司提供的垫圈可接受，因为泰湾公司提供的保修范围是 5 万英里。但车主可能会需要在保修到期后不久就更换垫圈。

• MARKER QUESTION:（True/False）TW Inc. offers a warranty for its transmissions that covers the first 50000 miles, however, the gaskets made by BlackSea Industry can last for at least 90000 miles.

• 标记问题：（对 / 错）泰湾公司为其变速器提供 5 万英里的保修范围，但黑海工业公司生产的垫圈可至少维持 9 万英里。

• INTENTION:（Likert Scale）It is likely that I will award the contract to BlackSea Industry.

• 意向：（利克特量表）我可能会将合同授予黑海工业公司。

• DECISION: You need to make the final decision now. Would you award the contract to BlackSea Industry?

• 决策：您现在需要做出最终决策。您是否会将合同授予黑海工业公司？

• AWARENESS:（Likert Scale）In this encounter, an attractive supplier in terms of pricing in Turkey appears to be problematic because of its low quality.

• 意识：（利克特量表）在本情境中，从价格上来讲颇具吸引力的土耳其供应商看起来因质量低劣而存在一定问题。

B.6 情境 6

This week, you continue to assume your role as head of supply management at TW Inc., a large company that specializes in supplying transmissions to major automobile makers. To help fulfill a major production contract your company has just secured for over the next few years, you have been working hard to coordinate with suppliers to procure necessary components and parts.

本周，您继续担任泰湾公司的供应管理主管。泰湾公司是一家专门为大型汽车制造商供应变速器的公司。贵公司刚获得一份持续数年的生产大合同。为帮助履行该合同，您努力与供应商协调，以采购必要的零部件。

Springs are small but crucial hardware used in transmissions. Compared to regular springs used in other machinery, springs in transmissions need to be extremely reliable since they are typically housed deep within the complex mechanical structure of the transmissions. Therefore, these springs would be very difficult to replace if they fail. Each transmission requires many such springs and each spring can be costly due to the metals used and the labor involved.

弹簧虽小，却是变速器中使用的关键五金制品。与其他机器中使用的常规弹簧相比，变速器中的弹簧需极为可靠，因为弹簧一般会深入变速器，安装在其中的复杂机械结构里面。因此，如果出现故障，这些弹簧会很难更换。每个变速器均需要多个这样的弹簧，而由于所使用的金属原料和所需的劳动力，每个弹簧的成本会较高。

Your department is assessing the possibility of awarding the contract to Luigi Alessi, an Italian hardware maker, as the sole supplier of springs for the transmission production contract your company just secured. Luigi Alessi is a supplier your company worked with in the past.

您所在部门正在评估是否将合同授予意大利五金制品制造商路易吉－阿莱西公司，使之成为公司刚获得变速器生产合同的独家供应商。路易吉－阿莱西公司是贵公司在过去曾合作过的一家供应商。

Finding a new supplier is not easy because the supplier will need to configure their production processes according to TW Inc.'s specifications and start fulfilling large orders shortly. There are many potential suppliers who are capable of producing the springs. However, only Luigi Alessi is willing to commit their production capacity to TW Inc.'s contract, deliver the orders in due time, and offer a total price over the course of the contract which is $20 million lower than the next supplier.

找到新的供应商并不容易，因为供应商需要根据泰湾公司的规范设置其生产流程并立即完成大订单。有很多潜在的供应商能够生产弹簧。但仅路易吉－阿莱西公司愿意将其生产能力投入泰湾公司的合同，及时交付订单，并在合同期间提供比下一个备选供应商低 2000 万美元的总价格。

Luigi Alessi, among many similar companies in Italy, has been reported to employ illegal immigrants in their production facilities. These illegal immigrants are typically from Asia or Africa where they suffer from poverty and unemployment due to poor economic conditions. Luigi Alessi provides residence for these immigrant workers. However, these immigrants are not protected by labor laws due to their illegal immigration status. In fear of losing their job or being turned to the authorities and deported, these workers have to comply with the demands of Luigi Alessi's management. Currently, they are working 16 hours shifts, 6 days a week but they are only paid for an equivalent of 40 hours of work per week.

与意大利很多类似的公司一样，已有报道称路易吉 – 阿莱西公司在生产工厂雇用非法移民。这些非法移民一般来自亚洲或非洲，他们在当地因经济状况糟糕而遭受贫困与失业。路易吉 – 阿莱西公司为这些非法移民提供住所。但由于自身的非法移民状态，这些移民并不受劳动法保护。因害怕失去工作或者被举报给当局而被驱逐出境，这些工人不得不遵守路易吉 – 阿莱西公司管理层的要求。当前，他们每周工作 6 天，每班次工作 16 小时，但他们的薪酬仅相当于每周工作 40 小时。

• MARKER QUESTION: (True/False) Luigi Alessi can only supply a portion of TW Inc.'s order due to capacity constraint.

• 标记问题：（对 / 错）因产能受限，路易吉 – 阿莱西公司仅能供应泰湾公司订单的一部分。

• INTENTION: (Likert Scale) It is likely that I will award the contract to purchase springs from Luigi Alessi.

• 意向：（利克特量表）我可能会将合同授予路易吉 – 阿莱西公司，从该公司购买弹簧。

• DECISION: (Yes/No) You need to make the final decision now. Would you award the contract to purchase springs from Luigi Alessi?

• 决策：（是 / 否）您现在需要做出最终决策。您是否会将合同授予路易吉 – 阿莱西公司，从该公司购买弹簧？

• AWARENESS: (Likert Scale) In this encounter, an attractive supplier in terms of pricing in Italy appears to be problematic because it is using illegal immigrants.

• 意识：（利克特量表）在本情境中，从价格上来讲颇具吸引力的意大利供应商看起来因使用非法移民而存在一定问题。

B.7　情境 7

This week, you continue to assume your role as head of supply management at TW Inc., a large company that specializes in supplying transmissions to major automobile makers. To help fulfill a major production contract your company has just secured for over the next few years, you have been working hard to coordinate with suppliers to procure necessary components and parts.

本周，您继续担任泰湾公司的供应管理主管。泰湾公司是一家专门为大型汽车制造商供应变速器的公司。贵公司刚获得一份持续数年的生产大合同。为帮助履行该合同，您努力与供应商协调，以采购必要的零部件。

Your department recently discovered an opportunity to greatly reduce the purchasing cost of transmission fluid filters. These fluid filters are installed in transmissions to keep contaminants out of the transmission fluid. When a fluid filter fails, contaminating particles will enter the transmission and induce a failure.

您所在部门最近发现了一个可大幅降低变速器液体过滤器采购成本的机会。这些液体过滤器安装在变速器中，用于清除变速器液体中的污染物。液体过滤器出现故障后，污染性微粒会进入变速器，引发故障。

A Korean fluid filter supplier, called Yiran Technology, has entered the global market five years ago and quickly become one of the major sellers. Your company has used this supplier in the past. Yiran Technology adopted a very aggressive business strategy and prices its products about 30% lower than the competing products from other countries. It is expected that this can lead to $20 million reduction in cost in comparison to the next lowest bidder. The company is able to do so because it is partially owned by the government. To support the local economy, the government provides such companies with favorable policies and financial support via tax rebates and zero-interest loans. With such support, Yiran Technology focuses on expanding its market share in the global market.

韩国的液体过滤器供应商依然科技公司已在五年前进入全球市场，很快成为最大的卖家之一。贵公司此前曾与该供应商合作过。依然科技公司采用非常激进的商业策略，其产品定价要比其他国家的竞品低约30%。与其他的最低投标价格相比，预计依然科技公司可带来2000万美元的成本节约。该公司能够这么做是因为其部分为政府所有。为支持当地经济，政府向这样的公司提供优惠政策并通过退税和无息贷款给予财政支持。在这样的支持下，依然科技公司将重点放在扩大自身在全球市场中的份额上。

Other fluid filter producers that are traditionally from North America and Europe were forced to lower their prices in response to Yiran Technology's competition. However, many companies eventually went out of business because, unlike Yiran Technology who receives support from the government, they had to rely on their own financial resources and simply could not survive the price war.

其他液体过滤器生产商，传统上来自北美和欧洲，被迫降低价格来应对依然科技公司的竞争。但很多公司最终倒闭停业，因为与从政府获得支持的依然科技公司不同，它们必须依赖自身的财务资源，的确无法在价格战中活下来。

You need to decide whether to start purchasing the fluid filters from Yiran Technology.

您需要考虑是否开始从依然科技公司采购液体过滤器。

• MARKER QUESTION: (True/False) External support from the government was a major reason why Yiran Technology quickly expanded its market share.

• 标记问题：（对 / 错）来自政府的外部支持是依然科技公司快速扩大其市场份额的主要原因之一。

• INTENTION: (Likert Scale) It is likely that I will award the contract for transmission fluid filters to Yiran Technology.

• 意向：（利克特量表）我可能会将变速器液体过滤器的合同授予依然科技公司。

• DECISION: (Yes/No) You need to make the final decision now. Would you award the contract for transmission fluid filters to Yiran Technology?

• 决策：（是 / 否）您现在需要做出最终决策。您是否会将变速器液体过滤器的合同授予依然科技公司？

• AWARENESS (Likert Scale **Reverse scaled**) In this encounter, an attractive supplier in terms of pricing in Korea appears to be great because its manufacturing process is very efficient.

• 意识（**反向利克特量表**）在该情境中，从价格上来说颇具吸引力的韩国供应商看起来非常不错，因其制造工艺非常高效。

B.8 情境 8

This week, you continue to assume your role as head of supply management at TW Inc., a large company that specializes in supplying transmissions to major automobile makers. To help fulfill a major production contract your company has just secured for over the next few years, you have been working hard to coordinate with suppliers to procure necessary components and parts.

本周，您继续担任泰湾公司的供应管理主管。泰湾公司是一家专门为大型汽车制造商供应变速器的公司。贵公司刚获得一份持续数年的生产大合同。为帮助履行该合同，您努力与供应商协调，以采购必要的零部件。

You need to source the transmission modulator, a critical component in the transmission that regulates the timing of gears shifting. A transmission modulator measures the engine's workload (in other words, how hard an engine works). The transmission then reacts to the modulator accordingly and shifts to the appropriate gears.

您需要采购变速器调节器，这是变速器中调节换挡时间的关键部件。变速器调节器测量发动机的工作负荷（换言之，发动机的运行强度）。而后，变速器对调节器做出相应反应，切换到相应挡位。

The most obvious choice for the additional transmission modulator supplier is a domestic company called Williamson-Robinson. TW Inc. has contracted with Williamson-Robinson for years and established a good collaborative relationship. However, your company did not work with Williamson-Robinson in the last two years because it was found that the owners of the company were not making contributions to social security for all of their employees in order to reduce costs. This violation lead to an investigation by the Social Security Administration and subsequently a financial penalty was imposed. Nowadays, the company is laying off many of the domestic workers and instead is hiring a large number of foreign nationals at its overseas production sites. This significantly reduces labor costs because Williamson-Robinson will not need to pay for the high social security expenses and many other employee benefits which are mandatory for employing U.S. workers.

选择变速器调节器的备选供应商时，最显然的选择是一家美国国内的公司，威廉姆森－罗宾逊公司。泰湾公司已与威廉姆森－罗宾逊公司合作多年，已建立良好的合作关系。但贵公司在过去两年并未与威廉姆森－罗宾逊公司合作。原因在于，该公司被发现其所有者为降低成本，并未给所有员工缴纳社保。该违法行为导致社会保障局展开调查并在之后处以罚款。现在，该公司解雇了很多国内的工人，转而在海外生产基地雇用大量外籍工人。这大幅降低了劳动力成本，因为威廉姆森－罗宾逊公司无须再支付高昂的社保支出和很多其他员工福利，而如果雇用美国工人，这些均为强制性要求。

Williamson-Robinson is working hard to revive its business relationship with TW Inc., they have approached your team earlier this week and offered to supply the transmission modulators at a big discount. This discount will amount to $20 million over the course of the contract. The sales director promised that they will price their modulators almost at cost in order to win the supply contract.

威廉姆森－罗宾逊公司正在努力重新恢复与泰湾公司的业务关系。他们在本周早些时候联系了您的团队，提出以较大折扣供应变速器的调节器。该折扣相当于在整个合同期间优惠 2000 万美元。威廉姆森－罗宾逊公司的销售总监承诺称其为获得供应合同，会以近成本价的价格供应调节器。

• MARKER QUESTION:（True/False）Williamson-Robinson is laying-off many domestic workers mainly because these workers are not physically fit for producing modulators.

• 标记问题：（对 / 错）威廉姆森－罗宾逊公司正在解雇很多美国国内的工人，主要因为这些工人身体不适合生产调节器。

• INTENTION:（Likert Scale）It is likely that I will award the contract to purchase the transmission modulators from Williamson-Robinson.

• 意向：（利克特量表）我可能会将合同授予威廉姆森－罗宾逊公司，从该公司购买变速器调节器。

• DECISION:（Yes/No）You need to make the final decision now. Would you award the contract to purchase the transmission modulators from Williamson-Robinson?

• 决策：（是 / 否）您现在需要做出最终决策。您是否会将合同授予威廉姆森－罗宾逊公司，从该公司购买变速器调节器？

• AWARENESS:（Likert Scale **Reverse scaled**）In this encounter, an attractive domestic supplier in terms of pricing appears to be problematic because of its quality.

• 意识：（**反向**利克特量表）在本情境中，从价格上来讲颇具吸引力的美国国内供应商看起来因质量低劣而存在一定问题。

B.9　情境 9（在实验预测试后删除）

This week, you continue to assume your role as head of supply management at TW Inc., a large company that specializes in supplying transmissions to major automobile makers. To help fulfill a major production contract your company has just secured for over the next few years, you have been working hard to coordinate with suppliers to procure necessary components and parts.

本周，您继续担任泰湾公司的供应管理主管。泰湾公司是一家专门为大型汽车制造商供应变速器的公司。贵公司刚获得一份持续数年的生产大合同。为帮助履行该合同，您努力与供应商协调，以采购必要的零部件。

Each year, the supply management department performs a comprehensive review of TW Inc.'s existing suppliers. The purpose of this review is to ensure that the suppliers are capable of meeting TW Inc.'s requirements and that they are effectively managing financial and legal risk. The review essentially serves as an internal auditing practice that helps the company evaluate its supply chain partners and establish a reliable supplier base.

供应管理部门每年会对泰湾公司的现有供应商开展一次全面审查。该审查的目的是确保供应商能够达到泰湾公司的要求且能够有效地管理财务与法律风险。该审查本质上是一种内部审计实践，可帮助公司评估供应链上的合作伙伴并建立可靠的供应商基础。

During the review, your team discovered that MacMillan Industries, a long time supplier, was found guilty and fined by the Occupational Safety and Health Administration (OSHA) because of unsafe working conditions in its factories. MacMillan Industries supplies a variety of automobile components and parts to TW Inc., including shift kits used in transmissions. The manufacturing process of shift kits largely involves metal cutting, which requires a special fluid used for polishing. Such fluid, however, generates fumes which were found to be unsafe for humans. After OSHA's investigation, MacMillan Industries was required to select another type of fluid for metal cutting instead. However, the company is still under watch from OSHA since the replacement fluid may be harmful to workers as well.

审查期间，您的团队发现，职业安全与健康管理局（OSHA）判定贵公司的长期供应商麦克米伦工业公司存在过失，其工厂中存在不安全工作条件。麦克米伦工业公司为泰湾公司供应各种汽车零部件，包括变速器中使用的换挡套件。换挡套件的生产工艺主要包含金属的切割，这需要使用一种特别的液体来进行抛光。但该液体会产生烟气，而现在已发现该烟气对人体有害。职业安全与健康管理局在调查后要求麦克米伦工业公司选择另一种液体用于金属切割。但公司目前仍在职业安全与健康管理局的监管下，因为替换的液体也可能对工人有害。

There is no way to be sure about the toxicological properties of the replacement fluid before OSHA's next inspection, which is scheduled nine months from now. MacMillan is willing to sell the shift kids at a cost which is $20 million lower than the next lowest supplier.

职业安全与健康管理局计划在 9 个月后进行下一次检查。在该检查之前，并无办法确定替换液体的毒性特征。麦克米伦工业公司愿意以比其他最低报价供应商低 2000 万美元的价格供应换挡套件。

- MARKER QUESTION: (True/False) MacMillan's replacement cutting fluid has already been shown to be safe to humans.

- 标记问题：（对 / 错）现已证明麦克米伦工业公司替换后用的切削液对人体是安全的。

- INTENTION: (Likert Scale) It is likely that I will award the contract to purchase shift kits from MacMillan.

- 意向：（利克特量表）我可能会将合同授予麦克米伦工业公司，从该公司购买换挡套件。

- DECISION: (Yes/No) You need to make the final decision now. Would you award the contract to purchase shift kits from MacMillan now?

- 决策：（是 / 否）您现在需要做出最终决策。您是否会将合同授予麦克米伦工业公司，从该公司购买换挡套件？

- AWARENESS: (Likert Scale) In this encounter, an attractive domestic supplier in terms of pricing appears to be problematic because its working conditions are unsafe for humans.

- 意识：（利克特量表）在该情境中，从价格上来讲颇具吸引力的美国国内供应商看起来存在一定问题，因其生产条件对人体有危害。

B.10　情境 10

This week, you continue to assume your role as head of supply management at TW Inc., a large company that specializes in supplying transmissions to major automobile makers. To help fulfill a major production contract your company has just secured for over the next few years, you have been working hard to coordinate with suppliers to procure necessary components and parts.

本周，您继续担任泰湾公司的供应管理主管。泰湾公司是一家专门为大型汽车制造商供应变速器的公司。贵公司刚获得一份持续数年的生产大合同。为帮助履行该合同，您努力与供应商协调，以采购必要的零部件。

You just finished a conference call with Thomas, a sales manager at North Hampton Metalworks, to talk about the recent diplomatic incidents between the U.S. and Iran. Not long ago, the U.S. government officially issued new trade sanctions against Iran that prohibit importing any industrial material, amongst other products, from the country.

您刚结束了与托马斯的电话会议。托马斯是北汉普顿金属加工公司的销售经理，你们刚讨论了美国和伊朗近期的外交事件。不久前，美国政府正式签发针对伊朗的新贸易制裁令，禁止从伊朗进口任何工业原料等。

Although TW Inc. does not work directly with any Iranian companies, you were worried that your company would unintentionally break the sanctions through its supply chain operations. North Hampton Metalworks is a U.K. based company that supplies steel plates used in transmissions and TW Inc. has done business with them in the past. It turns out that North Hampton Metalworks sources the steel plates from an Iranian company called Hooman due to low costs. Because U.K. does not currently forbid importing steel products from Iran, Thomas promised that TW Inc. can legally purchase these steel plates from Iran since the transactions will be done indirectly through a North Hampton Metalworks subsidiary.

虽然泰湾公司并未与任何伊朗的公司直接合作，您担心公司会无意中因供应链业务违反制裁令。北汉普顿金属加工公司是一家位于英国的公司，供应变速器中所用的钢板。泰湾公司之前曾与其有业务往来。现在您发现出于降低成本的考量，北汉普顿金属加工公司的钢板采购自一家伊朗公司（霍曼公司）。由于英国当前并未禁止从伊朗进口钢产品，托马斯承诺泰湾公司可合法地购买这些来自伊朗的钢板，因为交易将通过北汉普顿金属加工公司的一家子公司间接完成。

Although feasible from a legal perspective, you need to carefully evaluate this decision because TW Inc. would in effect bypass the sanctions and support the Iranian regime. From a financial perspective, sourcing from North Hampton Metalworks will lead to a significant cost reduction estimated to be $20 million over the course of the contract. The trade sanctions have put Iranian companies in a very difficult position as they have lost many global customers. Desperate in finding customers, the price Hooman offers to North Hampton Metalworks is much lower than similar companies from other countries.

虽然从法律角度看可行，您需要谨慎评估这一决定，因为这么做，泰湾公司实际上是绕过制裁，支持了伊朗政权。从财务角度看，从北汉普顿金属加工公司采购会大幅降低成本，估计可在合同期间节约 2000 万美元。贸易制裁将伊朗的公司置于非常困难的处境，因为它们失去了很多全球客户。霍曼公司非常急于找到客户，其提供给北汉普顿金属加工公司的价格要远低于其他国家的相似公司。

You will need to respond to Thomas' offer by tomorrow because it will take weeks for North Hampton Metalworks to receive the products from Iran and ship them to the U.S.

您需要在明天之前回复托马斯的要约，因为北汉普顿金属加工公司从收到伊朗来的产品到将产品转运到美国需要数周的时间。

- MARKER QUESTION: (True/False) It is illegal for North Hampton Metalworks to purchase steel plates from Hooman because the U.K. imposed trade sanctions against Iran.

- 标记问题：（对 / 错）北汉普顿金属加工公司从霍曼公司购买钢板是非法的，因为英国对伊朗施加了贸易制裁。

- INTENTION: (Likert Scale) It is likely that I will award the contract to purchase steel plates from North Hampton Metalworks.

- 意向：（利克特量表）我可能会将合同授予北汉普顿金属加工公司，从该公司购买钢板。

- DECISION: (Yes/No) You need to make the final decision now. Would you award the contract to purchase steel plates from North Hampton Metalworks?

- 决策：（是 / 否）您现在需要做出最终决策。您是否会将合同授予北汉普顿金属加工公司，从该公司购买钢板？

- AWARENESS: (Likert Scale) In this encounter, an attractive supplier in terms of pricing in the UK appears to be problematic because it is using an Iranian company to produce the steel plates.

- 意识：（利克特量表）在本情境中，从价格上来讲颇具吸引力的英国供应商看起来因使用一家伊朗公司生产钢板而存在一定问题。

B.11　情境 11

This week, you continue to assume your role as head of supply management at TW Inc., a large company that specializes in supplying transmissions to major automobile makers. To help fulfill a major production contract your company has just secured for over the next few years, you have been working hard to coordinate with suppliers to procure necessary components and parts.

本周，您继续担任泰湾公司的供应管理主管。泰湾公司是一家专门为大型汽车制造商供应变速器的公司。贵公司刚获得一份持续数年的生产大合同。为帮助履行该合同，您努力与供应商协调，以采购必要的零部件。

A torque converter is the most complicated component in a transmission. It transfers the rotating power from the engine to the transmission, which then adapts the power to the wheels. Similar to clutches in manual transmissions, in automatic transmissions a torque converter separates the power of the engine from the load of the wheels, preventing the engine from being "killed" when it is running but the vehicle has been stopped by the brakes.

变矩器是变速器中最复杂的部件。它将发动机的旋转动力传输给变速器，后者又将该动力传输给车轮。与手动变速器的离合器一样，在自动变速器中，变矩器将发动机的动力与车轮负载分离，防止发动机在运行当中因车辆被制动停住而"熄火"。

Torque converters are essentially a type of "fluid coupling device" that requires complex design and sophisticated engineering. Therefore, only a small number of companies around the world are able to design and produce torque converters as the Research and Development cost is extremely high. This gives such companies a lot of market power to charge a high price because transmission producers, including TW Inc., only have a few options when selecting their supplier of torque converters.

变矩器本质上是一种"液力偶合器"，需要复杂的设计和精细的工程工艺。因此，由于研发成本极高，世界上只有少数公司能够设计和生产变矩器。这使这些公司有很强的市场支配力来收取高价，因为包括泰湾公司在内的变速器生产商在选择变矩器供应商时仅有少数选择。

The situation has changed since five years ago when ShungChung, a Korean company, entered the automobile torque converter market. They offered torque converters at almost half of the price regularly seen in the industry and quickly took over a major share of the global market. TW Inc. has done business with them in the past. It is estimated that TW Inc. can save $20 million over the course of the contract if it sources the torque converter from ShungChung.

情况在五年前因韩国企业"双程公司"进入汽车变矩器市场而发生了变化。该公司变矩器的价格几乎是行业常规价格的一半，其很快就占据了全球市场的主要份额。泰湾公司之前曾与其有业务往来。据估计，如果从双程公司采购变矩器，泰湾公司在合同期间可节约 2000 万美元。

Many of the competing companies suspect that ShungChung is able to offer such a low price because they do not have to pay for Research and Development—the company may have been infringing on patents and proprietary techniques of other companies. In fact, ShungChung was admonished by the Korean government under pressure from international companies but still produces torque converters with impunity. As more transmission producers start purchasing from ShungChung, it seems that the company will soon dominate the market unless further investigation reveals solid evidence that ShungChung capitalizes on the work of other companies.

很多竞争公司怀疑双程公司之所以能够提供如此低的价格，是因其无须支付研发费用——该公司可能侵犯了其他公司的专利和专有技术。实际上，韩国政府在国际公司的压力下曾警告双程公司，但该公司现在仍安然无恙地在生产这些变矩器。随着更多变速器生产商开始从双程公司购买产品，其似乎很快会主导整个市场——除非进一步的调查发现确凿证据表明该公司在利用其他公司成果。

You need to decide whether TW Inc. will purchase from ShungChung. Needless to say, cutting the procurement cost of torque converter almost in half will significantly reduce the overall costs.

您需要决定是否从双程公司采购产品。不用说，将变矩器的采购成本削减近一半会大幅降低总成本。

• MARKER QUESTION: (True/False) ShungChung is able to offer their products at a low price because they spend a lot of resources on researching and developing new technologies.

• 标记问题：（对 / 错）双程公司之所以能够低价供应产品，是因其花费很多资源研发新技术。

• INTENTION: (Likert Scale) It is likely that I will award the contract to purchase torque converters from ShungChung.

• 意向：（利克特量表）我可能会将合同授予双程公司，从该公司购买变矩器。

• DECISION: (Yes/No) You need to make the final decision now. Would you award the contract to purchase torque converters from ShungChung?

• 决策：（是 / 否）您现在需要做出最终决策。您是否会将合同授予双程公司，从该公司购买变矩器?

• AWARENESS: (Likert Scale) In this encounter, an attractive supplier in terms of pricing in Korea appears to be problematic because it is receiving state subsidies.

• 意识：（利克特量表）在本情境中，从价格上来讲颇具吸引力的韩国供应商看起来因接受国家补助而存在一定问题。

B.12 情境 12

This week, you continue to assume your role as head of supply management at TW Inc., a large company that specializes in supplying transmissions to major automobile makers. To help fulfill a major production contract your company has just secured for over the next few years, you have been working hard to coordinate with suppliers to procure necessary components and parts.

本周，您继续担任泰湾公司的供应管理主管。泰湾公司是一家专门为大型汽车制造商供应变速器的公司。贵公司刚获得一份持续数年的生产大合同。为帮助履行该合同，您努力与供应商协调，以采购必要的零部件。

Transmission fluid leaks are some of the most commonly seen mechanical problems in transmissions and bad clad seals are often the cause of the problem. There are many clad seals installed in a transmission to keep the transmission fluid from leaking out. Although small, these seals are critical for transmissions to function correctly. Clad seals are mostly made of some specialized and expensive rubber. A large portion of clad seals is made in Brazil, a major exporting country of rubber products.

传动液泄漏是变速器中最常见的机械问题之一，质量不良的包层密封件经常会导致该问题。变速器中安装了很多包层密封件来防止传动液的泄漏。虽然很小，但这些密封件对变速箱的稳定运行非常关键。包层密封件基本上使用某种专用、昂贵的橡胶制造。有很大比例的包层密封件在巴西生产，而巴西是橡胶制品的主要出口国之一。

Bon Gia is a Brazilian supplier of clad seals and TW Inc. has worked with this supplier in the past. However, it was recently revealed that Bon Gia has long been monitored by government agencies and environmental activists. Many companies, such as Bon Gia, locate their production sites in the rain forest. Operating such production facilities in the rain forest has an adverse effect on the environment as they release many pollutants into the air. Although this practice is prohibited by the law, many companies still do so in order to avoid paying high real estate costs. These companies, including Bon Gia, have been admonished and/or fined for breaking the law, but the low fines they paid did not compare to the potential cost of moving their production sites to other locations.

邦吉尔公司是一家巴西的包层密封件供应商，泰湾公司过去曾与其合作过。但近期的发现表明，邦吉尔公司长期以来受到政府机构和环保分子的监控。像邦吉尔公司一样的很多公司把其生产基地设在雨林里。在雨林里经营这样的生产工厂会对环境产生不利影响，因为这些工厂会释放大量污染物到空气中。虽然法律禁止该做法，很多公司仍这么做，以避免支付高昂的房地产成本。包括邦吉尔公司在内的这些公司已因违反法律受

到警告和 / 或被罚款，但它们支付的小额罚款与将生产基地迁移到其他地方的潜在成本无法比较。

You will soon need to award the contract for clad seals. Bon Gia is a Brazilian supplier that offers the clad seals at a cost which is $20 million lower than then next lowest bidder.

您需要马上授予包层密封件的合同。邦吉尔公司是一家巴西的供应商，其所提供包层密封件的价格要比其他最低报价供应商还低 2000 万美元。

• MARKER QUESTION: (True/False) Many companies in Brazil choose to locate their clad seal production facilities in the rain forest because of real estate cost considerations.

• 标记问题：（对 / 错）巴西的很多公司因房地产成本因素，选择将其包层密封件的生产工厂设在雨林里。

• INTENTION: (Likert Scale) It is likely that I will award the contract to purchase clad seals from Bon Gia.

• 意向：（利克特量表）我可能会将合同授予邦吉尔公司，从该公司购买包层密封件。

• DECISION: (Yes/No) You need to make the final decision now. Would you award the contract to purchase clad seals from Bon Gia?

• 决策：（是 / 否）您现在需要做出最终决策。您是否会将合同授予邦吉尔公司，从该公司购买包层密封件？

• AWARENESS: (Likert Scale) In this encounter, an attractive supplier in terms of pricing in Brazil appears to be problematic because it is producing the product in the rain forest.

• 意识：（利克特量表）在本情境中，从价格上来讲颇具吸引力的巴西供应商看起来存在一定问题，因其在雨林里生产产品。

附录 C

第 5 章附录

C.1 动机的衡量指标

Acting as Jim, you decided to take the specific action regarding Ben because (rate from "1—Strongly Disagree" to "7—Strongly Agree").

您现在就是吉姆，您已决定针对本采取特定的行动，因为（请按"1—强烈不同意"到"7—强烈同意"进行评定）。

表 C.1　测量的动机

动机	量表	Factor Loading
利益维度（Cronbach's alpha=0.81）		
动机 1	……您个人赚取的钱	0.60
动机 2	……您可为公司节约的资金	0.56
动机 3	……对于自己帮助公司的各种努力，您需要获得认可	0.74
动机 4	……按您的预计，您会在将来获得更多经济回报	0.72
动机 5	……按您的预计，老板会互惠互利、认可您的工作，比如提供晋升机会	0.78
动机 8	……我可以保证，我的公司不会裁员	0.37
道德维度（Cronbach's alpha=0.87）		
动机 6	……分享该信息是不道德的	0.86
动机 7	……分享该信息违反了道德标准	0.87

C.2 书面回答的示例

I decided to take the particular action because (explain in your own words).

我决定采取该特定行动是因为（请用自己的话进行解释）。

- "Sometimes you need to break some rules to be able to earn more and to live better, and in this case I don't consider it fundamental. But this has to not become a daily habit and it is important to respect the fundamental rules."

- "有时候，为能够赚取更多的钱以及生活得更好，您需要违反某些规则，在该情况中，我认为这不是根本的。但是这绝对不能成为日常习惯，遵守根本的规则很重要。"

- "I believe to have taken the best decision for the company basing on the role I cover in it, on the base of the possible alternatives."

- "我认为自己根据自己所承担的职位以及可能的备选方案，为公司做出了最佳决策。"

- "It would not have been correct to transmit information received in closed offers to other subjects."

- "给其他人传递密封报价中收到的信息是不对的。"

- "1）The aggressive politics of price chosen by the company could be not sustainable for all the duration of the contract: the quality of the product could go down.

2）It could be not a farsighted choice because if the excluded companies had to come to the knowledge of the past, a possible future relationship with them could be undermined.

3）I could affect negatively the reputation of the company.

4）There is a probability that, accepting the offer, losses can be verified in the future."

- "1）公司所选择的激进价格策略在整个合同期间可能是不可持续的：产品的质量会下降。

2）这不可能是个有远见的选择，因为如果被排除的公司知道过去的事情，会损害本公司与它们以后的关系。

3）我会对公司的声誉造成不利影响。

4）可能的情况是，如果接受报价，以后我会发现实际上这反而会造成损失。"

- "It deals with an important piece for the auto, the bonus is present in every one of the three offers, it will be enough to accept the greater offer in comparison with Ben's one to get a product of better quality and a higher bonus."

- "这针对的是汽车的一个重要零件，三份报价都可获得奖金，接受与本的报价相比更好的报价，获得更高质量的产品以及更高的奖金，就足够了。"

- "I think it is the correct thing to do."

- "我认为这是正确的事情。"

- "Because it is the right thing to do. The ethical action was to go with the initial conditions set at the beginning. It is not fair to the other competitors to not be give knowledge of a second bid chance. It is the right thing to do in the situation regardless of what the company situation is or the industry. The bid was specified at the begging and each company should have put forward their best price."

- "因为这是正确的事情。道德行为就是符合一开始设立的初始条件。对于其他竞争者来说，不知道第二次竞标机会是不公平的。在该情况下，这就是正确的事情，无论公司或行业处于什么境况。在请求报价时已经说明了投标，每家公司本应当提出其最具竞争力的价格。"

参考文献

李伟阳，肖红军，2011. 企业社会责任的逻辑 [J]. 中国工业经济（10）：87–97.

马鹏，张晨，2018. 绿色供应链背景下互补品定价策略 [J]. 控制与决策，33（10）：1861–1870.

缪朝炜，伍晓奕，2009. 基于企业社会责任的绿色供应链管理：评价体系与绩效检验 [J]. 经济管理，31（2）：174–180.

唐谷文，王能民，张萌，2019. 企业绿色增长指标体系设计与评价 [J]. 科研管理，40（7）：47–58.

田一辉，朱庆华，2016. 政府价格补贴下绿色供应链管理扩散博弈模型 [J]. 系统工程学报，31（4）：526–535.

王夏阳，赵婷，2014. 基于理性预期与顾客策略行为的供应链契约比较 [J]. 管理工程学报，28（2）：167–173.

姚锋敏，闫颖洛，滕春贤，2022. 考虑 CSR 行为及渠道权力结构的闭环供应链定价决策 [J]. 管理评论，34（1）：283–294.

AGRAWAL V, LEE D, 2019. The effect of sourcing policies on suppliers?sustainable practices[J]. Production and operations management, 28(4): 767-787.

ALBARRACÍN D, WYER R S, 2000. The cognitive impact of past behavior: influences on beliefs, attitudes, and future behavioral decisions[J]. Journal of personality and social psychology, 79(1): 5-22.

ALGHABABSHEH M, GALLEAR D, 2020. Social capital in buyer-supplier relationships: a review of antecedents, benefits, risks, and boundary conditions[J]. Industrial marketing management, 91: 338-361.

ALGHABABSHEH M, GALLEAR D, RAHMAN M, 2020. Balancing the scales of justice: do perceptions of buyers?justice drive suppliers?social performance?[J]. Journal of business ethics, 163(1): 125-150.

ALLINGHAM M G, SANDMO A, 1972. Income tax evasion: a theoretical analysis[J]. Journal of public economics, 1(3-4): 323-338.

ALLISON P D, 1982. Discrete-time methods for the analysis of event histories[J]. Sociological methodology, 13: 61-98.

AMODIO D M, DEVINE P G, HARMON-JONES E, 2007. A dynamic model of guilt[J]. Psychological science, 18(6): 524-530.

ARDICHVILI A, MITCHELL J A, JONDLE D, 2009. Characteristics of ethical business cultures[J]. Journal of business ethics, 85(4): 445-451.

ARMSTRONG M B, KETZ J E, OWSEN D, 2003. Ethics education in accounting: moving toward ethical motivation and ethical behavior[J]. Journal of accounting education, 21(1): 1-16.

AUPPERLE K E, 1984. An empirical measure of corporate social orientation[J]. Research in corporate social performance and policy, 6: 27-54.

BARBER J S, MURPHY S A, AXINN W G, et al., 2000. Discrete-time multilevel hazard analysis[J]. Sociological methodology, 30(1): 201-235.

BARQUE-DURAN A, POTHOS E M, YEARSLEY J M, et al., 2016. Patterns and evolution of moral behaviour: moral dynamics in everyday life[J]. Thinking and reasoning, 22(1): 31-56.

BARRETT A, O'CONNELL P J, 2001. Does training generally work? The returns to in-company training[J]. ILR review, 54(3): 647-662.

BARTOLUCCI F, FARCOMENI A, 2009. A multivariate extension of the dynamic logit model for longitudinal data based on a latent markov heterogeneity structure[J]. Journal of the American statistical association, 104(486): 816-831.

BATEMAN C R, FRAEDRICH J P, IYER R, 2002. Framing effects within the ethical decision making process of consumers[J]. Journal of business ethics, 36(1-2): 119-140.

BAUMEISTER R F, HEATHERTON T F, 1996. Self-regulation failure : an overview[J]. Psychological inquiry, 7(1): 1-15.

BAUMEISTER R F, STILLWELL A M, HEATHERTON T F, 1994. Guilt: an interpersonal approach[J]. Psychological bulletin, 115(2): 243-267.

BHATTACHARYA C B, POLMAN P, 2017. Sustainability lessons from the front lines[J]. MIT sloan management review, 58(2): 71-78.

BIRD F B, 1996. The muted conscience: moral silence and the practice of ethics in business[M]. Westport: Greenwood Publishing Group.

BLANKEN I, VAN DE VEN N, ZEELENBERG M, 2015. A meta-analytic review of moral licensing[J]. Personality and social psychology bulletin, 41(4): 540-558.

BOYD D E, SPEKMAN R E, KAMAUFF J W, et al., 2007. Corporate social responsibility in global supply chains: a procedural justice perspective[J]. Long range planning, 40(3): 341-356.

BRASS D J, BUTTERFIELD K D, SKAGGS B C, 1998. Relationships and unethical behavior : a social network perspective[J]. The academy of management review, 23(1): 14-31.

BRAÑAS-GARZA P, BUCHELI M, PAZ ESPINOSA M, et al., 2013. Moral cleansing and moral licenses: experimental evidence[J]. Economics and philosophy, 29(2): 199-212.

BREGMAN R, PENG D X, CHIN W, 2015. The effect of controversial global sourcing practices on the ethical judgments and intentions of U.S. consumers[J]. Journal of operations management, 36(1): 229-243.

BROWN M E, TREVIÑO L K, 2006. Ethical leadership: a review and future directions[J]. The leadership quarterly, 17(6): 595-616.

BURGER J M, 1999. The foot-in-the-door compliance procedure: a multiple-process analysis and review[J]. Personality and social psychology review, 3(4): 303-325.

CAGLE J A B, BAUCUS M S, 2006. Case studies of ethics scandals: effects on ethical perceptions of finance students[J]. Journal of business ethics, 64(3): 213-229.

CAMPBELL E Q, 1964. The internalization of moral norms[J]. Sociometry, 27(4): 391-412.

CARTER C R, 2000. Ethical issues in international buyer-supplier relationships: a dyadic examination[J]. Journal of operations management, 18(2): 191-208.

CARTER C R, JENNINGS M M, 2002. Logistics social responsibility: an integrative framework[J]. Journal of business logistics, 23(1): 145-180.

CARTER C R, JENNINGS M M, 2004. The role of purchasing in corporate social responsibility: a structural equation analysis[J]. Journal of business logistics, 25(1): 145-186.

CHEN J, QI A, DAWANDE M W, 2020. Supplier centrality and auditing priority in socially responsible supply chains[J]. Manufacturing and service operations management, 22(6): 1199-1214.

CHUGH D, KERN M C, 2016. A dynamic and cyclical model of bounded ethicality[J]. Research in organizational behavior, 36(0): 85-100.

COHEN J R, PANT L W, SHARP D J, 2001. An examination of differences in ethical decision-making between Canadian Wbusiness students and accounting professionals[J]. Journal of business ethics, 30(4): 319-336.

CONRADS J, IRLENBUSCH B, RILKE R M, et al., 2013. Lying and team incentives[J]. Journal of economic psychology, 34(0): 1-7.

CORNELISSEN G, BASHSHUR M R, RODE J, et al., 2013. Rules or consequences? The role of ethical mind-sets in moral dynamics[J]. Psychological science, 24(4): 482-488.

CRAFT J L, 2013. A review of the empirical ethical decision-making literature: 2004-2011[J]. Journal of business ethics, 117(2): 221-259.

CURTIS M B, 2006. Are audit-related ethical decisions dependent upon mood?[J]. Journal of business ethics, 68(2): 191-209.

DAHLSRUD A, 2008. How corporate social responsibility is defined: an analysis of 37 definitions[J]. Corporate social responsibility and environmental management, 15(1): 1-13.

DE MATOS C A, TRINDADE ITUASSU C, VARGAS ROSSI C A, 2007. Consumer attitudes toward counterfeits: a review and extension[J]. Journal of consumer marketing, 24(1): 36-47.

DE PAULA G O, CAVALCANTI R N, 2000. Ethics: essence for sustainability[J]. Journal of cleaner production, 8(2): 109-117.

DEMPSTER A P, LAIRD N M, RUBIN D B, 1977. Maximum likelihood from incomplete data via the EM algorithm[J]. Journal of the royal statistical society. series b: methodological, 39(1):1-38.

DETERT J R, TREVIÑO L K, SWEITZER V L, 2008. Moral disengagement in ethical decision making: a study of antecedents and outcomes[J]. Journal of applied psychology, 93(2): 374-391.

DEVINE P G, MONTEITH M J, ZUWERINK J R, et al., 1991. Prejudice with and without compunction[J]. Journal of personality and social psychology, 60(6): 817-830.

DOBLER D W, BURT D N, 2002. Purchasing and supply management[M]. 7th ed.New York: McGraw-Hill.

DOSSA Z, KAEUFER K, 2014. Understanding sustainability innovations through positive ethical networks[J]. Journal of business ethics, 119(4): 543-559.

DOU Y, ZHU Q, SARKIS J, 2018. Green multi-tier supply chain management: an enabler investigation[J]. Journal of purchasing and supply management, 24(2): 95-107.

EFFRON D A, BRYAN C J, Murnighan J K 2015. Cheating at the end to avoid regret[J]. Journal of personality and social psychology, 109(3): 395-414.

EFRON B, TIBSHIRANI R, 1986. Bootstrap methods for standard errors, confidence intervals, and other measures of statistical accuracy[J]. Statistical science, 1(1): 54-75.

FLANNERY B L, MAY D R, 2000. Environmental ethical decision making in the U. S. metal-finishing industry[J]. Academy of management journal, 43(4): 642-662.

FOSS R D, DEMPSEY C B, 1979. Blood donation and the foot-in-the-door technique: a limiting case[J]. Journal of personality and social psychology, 37(4): 580-590.

FREY B F, 2000. The impact of moral intensity on decision making in a business context[J]. Journal of business ethics, 26(3): 181-195.

GAWRONSKI B, STRACK F, 2012. Cognitive consistency: a fundamental principle in social cognition[M]. New York: Guilford Press.

GIANNAKIS M, PAPADOPOULOS T, 2016. Supply chain sustainability: a risk management approach[J]. International journal of production economics, 171(4): 455-470.

GJØLBERG M, 2009. Measuring the immeasurable?: Constructing an index of CSR practices and CSR performance in 20 countries[J]. Scandinavian journal of management, 25(1): 10-22.

GNEEZY U, IMAS A, MADARÁSZ K, 2014. Conscience accounting: emotion dynamics and social behavior[J]. Management science, 60(11): 2645-2658.

GOEBEL P, REUTER C, PIBERNIK R, et al., 2018. Purchasing managers?willingness to pay for attributes that constitute sustainability[J]. Journal of operations management, 62(1): 44-58.

GONZÁLEZ-RODRÍGUEZ M R, DÍAZ FERNÁNDEZ M C, SIMONETTI B, 2016. Corporate social responsibility perception versus human values: a structural equation modeling approach[J]. Journal of applied statistics, 43(13): 2396-2415.

GREENBAUM R L, MAWRITZ M B, EISSA G, 2012. Bottom-line mentality as an antecedent of social undermining and the moderating roles of core self-evaluations and conscientiousness[J]. Journal of applied psychology, 97(2): 343-359.

GRIMM J H, HOFSTETTER J S, SARKIS J, 2014. Critical factors for sub-supplier management: a sustainable food supply chains perspective[J]. International journal of production economics, 152(0): 159-173.

GUO S, CHOI T M, SHEN B, 2020. Green product development under competition: a study of the fashion apparel industry[J]. European journal of operational research, 280(2): 523-538.

HA-BROOKSHIRE J, 2017. Toward moral responsibility theories of corporate sustainability and sustainable supply chain[J]. Journal of business ethics, 145(2): 227-237.

HARTMANN J, MOELLER S, 2014. Chain liability in multitier supply chains? Responsibility attributions for unsustainable supplier behavior[J]. Journal of operations management, 32(5): 281-294.

HAWKINS T G, GRAVIER M J, POWLEY E H, 2011. Public versus private sector procurement ethics and strategy: what each sector can learn from the other[J]. Journal of business ethics, 103(4): 567-586.

HEGARTY W H, SIMS H P, 1978. Some determinants of unethical decision behavior: an experiment[J]. Journal of applied psychology, 63(4): 451-457.

HENRICH J, BOYD R, BOWLES S, et al., 2001. In search of homo economicus : behavioral experiments in 15 small-scale societies[J]. The American economic review, 91(2): 73-78.

HIGGINS E T, KLEIN R , STRAUMAN T, 1985. Self-concept discrepancy theory: a psychological model for distinguishing among different aspects of depression and anxiety[J]. Social cognition, 3(1): 51-76.

HILL J A, ECKERD S, WILSON D, et al., 2009. The effect of unethical behavior on trust in a buyer-supplier relationship: the mediating role of psychological contract violation[J].

Journal of operations management, 27(4): 281-293.

HOLWEG M, PIL F K, 2007. Theoretical perspectives on the coordination of supply chains[J]. Journal of operations management, 26(3): 389-406.

HUANG L, SONG J S, SWINNEY R, 2022. Managing social responsibility in multitier supply chains[J]. Manufacturing & service operations management, 24(6): 2843-2862.

HUQ F A, CHOWDHURY I N, KLASSEN R D, 2016. Social management capabilities of multinational buying firms and their emerging market suppliers: an exploratory study of the clothing industry[J]. Journal of operations management, 46: 19-37.

HYSLOP D R, 1999. State dependence, serial correlation and hetergeity in intertempral labor force participation of married women[J]. Econometrica, 67(6): 1255-1294.

JACOBS B W, SINGHAL V R, 2017. The effect of the Rana Plaza disaster on shareholder wealth of retailers : implications for sourcing strategies and supply chain governance[J]. Journal of operations management, 49-51(1): 52-66.

JIANG B, 2009. The effects of interorganizational governance on supplier's compliance with SCC: an empirical examination of compliant and non-compliant suppliers[J]. Journal of operations management, 27(4): 267-280.

JOACHIMS T, 1998. Text categorization with support vector machines: learning with many relevant features[J]. Lecture notes in computer science,1398(1): 137-142.

JONES T M, 1991. Ethical decision making by individuals in organizations: an issue-contingent model[J]. The academy of management review, 16(2): 366-395.

JORDAN J, MULLEN E, MURNIGHAN J K, 2011. Striving for the moral self: the effects of recalling past moral actions on future moral behavior[J]. Personality and social psychology bulletin, 37(5): 701-713.

KARAER Ö, KRAFT T, KHAWAM J, 2017. Buyer and nonprofit levers to improve supplier environmental performance[J]. Production and operations management, 26(6): 1163-1190.

KARJALAINEN K, KEMPPAINEN K, RAAIJ E M V, 2009. Non-compliant work behaviour in purchasing: an exploration of reasons behind maverick buying[J]. Journal of business ethics, 85(2): 245-261.

KAYNAK R, SERT T, 2012. The impact of service supplier's unethical behavior to buyer's satisfaction: an empirical study[J]. Journal of business ethics, 109(2): 219-226.

KIM S, COLICCHIA C, MENACHOF D, 2018. Ethical sourcing: an analysis of the literature and implications for future research[J]. Journal of business ethics, 152(4): 1033-1052.

KISH-GEPHART J J, HARRISON D A, TREVIÑO L K, 2010. Bad apples, bad cases, and bad barrels: meta-analytic evidence about sources of unethical decisions at work[J]. Journal of applied psychology, 95(1): 1-31.

KLASSEN R D, VEREECKE A, 2012. Social issues in supply chains: capabilities link responsibility, risk(opportunity), and performance[J]. International journal of production economics, 140(1): 103-115.

KOUCHAKI M, SMITH-CROWE K, BRIEF A P, et al., 2013. Seeing green: mere exposure to money triggers a business decision frame and unethical outcomes[J]. Organizational behavior and human decision processes, 121(1): 53-61.

KRAUSE T R, SEYMOUR K J, SLOAT K C M, 1999. Long-term evaluation of a behavior-based method for improving safety performance: a meta-analysis of 73 interrupted time-series replications[J]. Safety science, 32(1): 1-18.

KROLL, 2011. Corporate fraud: stop history from repeating itself[R/OL]. (04-08) [2024-09-05]. https: //media-cdn.kroll.com/jssmedia/kroll/pdfs/publications/whitepapers/corporate-fraud.pdf.

KULKARNI V G, 2016. Modeling and analysis of stochastic systems[M]. 3rd ed. New York: CRC Press.

LACZNIAK G R, INDERRIEDEN E J, 1987. The influence of stated organizational concern upon ethical decision making[J]. Journal of business ethics, 6(4): 297-307.

LAM K C, HUNG B W S, 2005. Ethics, income and religion[J]. Journal of business ethics, 61(3): 199-214.

LEHNERT K, PARK Y H, SINGH N, 2015. Research note and review of the empirical ethical decision-making literature: boundary conditions and extensions[J]. Journal of business ethics, 129(1): 195-219.

LETIZIA P, HENDRIKSE G, 2016. Supply chain structure incentives for corporate social responsibility: an incomplete contracting analysis[J]. Production and operations management, 25(11): 1919-1941.

LU T, TOMLIN B, 2022. Sourcing from a self-reporting supplier: strategic communication of social responsibility in a supply chain[J]. Manufacturing & service operations management, 24(2): 902-920.

LUTHAR H K, KARRI R, 2005. Exposure to ethics education and the perception of linkage between organizational ethical behavior and business outcomes[J]. Journal of business ethics, 61(4): 353-368.

LYSONSKI S, DURVASULA S, 2008. Digital piracy of MP3s: consumer and ethical predispositions[J]. Journal of consumer marketing, 25(2-3): 167-178.

MAEL F A, ASHFORTH B E, 1995. Loyal from day one: biodata, organizational identification, and turnover among newcomers[J]. Personnel psychology, 48(2): 309-333.

MAIGNAN I, HILLEBRAND B, MCALISTER D, 2002. Managing socially-responsible buying: how to integrate non-economic criteria into the purchasing process[J]. European management journal, 20(6): 641-648.

MANN H, GARCIA-RADA X, HOUSER D, et al., 2014. Everybody else is doing it: exploring social transmission of lying behavior[J]. PLoS one, 9(10): e109591

MARTIN K D, CULLEN J B, 2006. Continuities and extensions of ethical climate theory: a meta-analytic review[J]. Journal of business ethics, 69(2): 175-194.

MAZAR N, AMIR O, ARIELY D, 2008. The dishonesty of honest people: a theory of self-concept maintenance[J]. Journal of marketing research, 45(6): 633-644.

MCCABE D L, TREVIÑO L K, BUTTERFIELD K D, 1996. The influence of collegiate and corporate codes of conduct on ethics-related behavior in the workplace[J]. Business ethics quarterly, 6(4): 461-476.

MCCULLOUGH P M, FAUGHT S, 2005. Rational moralists and moral rationalists value-based management: model, criterion and validation[J]. Journal of business ethics, 60(2): 195-205.

MELÉ D, 2005. Ethical education in accounting: integrating rules, values and virtues[J]. Journal of business ethics, 57(1): 97-109.

MENCL J, MAY D R, 2009. The effects of proximity and empathy on ethical decision-making: an exploratory investigation[J]. Journal of business ethics, 85(2): 201-226.

MONIN B, MILLER D T, 2001. Moral credentials and the expression of prejudice[J]. Journal of personality and social psychology, 81(1): 33-43.

MOORE C, DETERT J R, TREVIÑO L K, et al., 2012. Why employees do bad things: moral disengagement and unethical organizational behavior[J]. Personnel psychology, 65(1): 1-48.

MUENZ L R, RUBINSTEIN L V, 1985. Markov models for covariate dependence of binary sequences[J]. Biometrics, 41(1): 91-101.

MULLEN E, MONIN B, 2016. Consistency versus licensing effects of past moral behavior[J]. Annual review of psychology, 67(0): 363-385.

MUNCY J A, VITELL S J, 1992. Consumer ethics: an investigation of the ethical beliefs of the final consumer[J]. Journal of business research, 24(4): 297-311.

NELISSEN R M A, ZEELENBERG M, 2009. When guilt evokes self-punishment: evidence for the existence of a dobby effect[J]. Emotion, 9(1): 118-122.

O'FALLON M J, BUTTERFIELD K D, 2005. A Review of the empirical ethical decision-making literature: 1996—2003[J]. Journal of business ethics, 59(4): 375-413.

PAGELL M, GOBELI D, 2009. How plant managers?experiences and attitudes toward sustainability relate to operational performance[J]. Production and operations management, 18(3): 278-299.

PAGELL M, WU Z, WASSERMAN M E, 2010. Thinking differently about purchasing portfolios: an assessment of sustainable sourcing[J]. Journal of supply chain management, 46(1): 57-73.

PIERCE L, SNYDER J, 2008. Ethical spillovers in firms: evidence from vehicle emissions testing[J]. Management science, 54(11): 1891-1903.

POIST R F, 1989. Evolution of conceptual approaches to the design of logistics systems: a sequel[J]. Transportation journal, 28(3): 35-39.

POLMAN P, BHATTACHARYA C, 2016. Engaging employees to create a sustainable business[J]. Stanford social innovation review, 14(4): 34-39.

PORTEOUS A H, RAMMOHAN S V, LEE H L, 2015. Carrots or sticks? Improving social and environmental compliance at suppliers through incentives and penalties[J]. Production and operations management, 24(9): 1402-1413.

POURNADER M, SAUER P C, FAHIMNIA B, et al., 2022. Behavioral studies in sustainable supply chain management[J]. International journal of production economics, 243: 108344.

RAJ A, BISWAS I, SRIVASTAVA S K, 2018. Designing supply contracts for the sustainable supply chain using game theory[J]. Journal of cleaner production, 185(0): 275-284.

REST J R, 1986. Moral development: advances in research and theory[M]. New York: Praeger.

ROTTIG D, KOUFTEROS X, UMPHRESS E, 2011. Formal infrastructure and ethical decision making: an empirical investigation and implications for supply management[J]. Decision sciences, 42(1): 163-204.

ROUSSEEUW P, 1987. Silhouettes: a graphical aid to the interpretation and validation of cluster analysis[J]. Journal of computational and applied mathematics, 20(1): 53-65.

RUSSAKOFF R, GOODMAN M, 2011. Employee theft: are you blind to it?[EB/OL]. (07-14)[2024-09-04] http: //www.cbsnews.com/news/employee-theft-are-you-blind-to-it/.

SACHDEVA S, ILIEV R, MEDIN D L, 2009. Sinning saints and saintly sinners: the paradox of moral self-regulation[J]. Psychological science, 20(4): 523-528.

SAINI A, 2010. Purchasing ethics and inter-organizational buyer–supplier relational determinants: a conceptual framework[J]. Journal of business ethics, 95(3): 439-455.

SAMMALISTO K, BRORSON T, 2008. Training and communication in the implementation of environmental management systems (ISO 14001): a case study at the university of gävle, sweden[J]. Journal of cleaner production, 16(3): 299-309.

SARKIS J, GONZALEZ-TORRE P, ADENSO-DIAZ B, 2010. Stakeholder pressure and the adoption of environmental practices: the mediating effect of training[J]. Journal of operations management, 28(2): 163-176.

SCHWARTZ S H, CIECIUCH J, VECCHIONE M, et al., 2012. Refining the theory of basic individual values[J]. Journal of personality and social psychology, 103(4): 663-688.

SCHWEITZER M E, ORDÓÑEZ L, DOUMA B, 2004. Goal setting as a motivator of unethical behavior[J]. The Academy of management journal, 47(3): 422-432.

SHU L L, GINO F, BAZERMAN M H, 2011. Dishonest deed , clear conscience : when cheating leads to moral disengagement and motivated forgetting[J]. Personality and social psychology bulletin, 37(3): 330-349.

SILVESTRE B S, 2015. A hard nut to crack! Implementing supply chain sustainability in an emerging economy[J]. Journal of cleaner production, 96(0): 171-181.

SINGHAPAKDI A, VITELL S J, FRANKE G R, 1999. Antecedents, consequences, and mediating effects of perceived morel intensity and personal moral philosophies[J]. Journal of the academy of marketing science, 27(1): 19-36.

SINGHAPAKDI A, VITELL S J, KRAFT K L, 1996. Moral intensity and ethical decision-making of marketing professionals[J]. Journal of business research, 36(3): 245-255.

SMITH N, 2017. Shares of a publicly traded Uber might be crashing[EB/OL]. (06-27) [2024-09-04]. https: //www.bloomberg.com/view/articles/2017-06-27/shares-of-a-publicly-traded-uber-would-be-crashing.

SPENCE L, BOURLAKIS M, 2009. The evolution from corporate social responsibility to supply chain responsibility: the case of waitrose[J]. Supply chain management, 14(4): 291-302.

STEELE F, 2011. Multilevel discrete-time event history models with applications to the analysis of recurrent employment transitions[J]. Australian and New Zealand journal of statistics, 53(1): 1-20.

STEENHAUT S, KENHOVE P V, 2006. The mediating role of anticipated guilt in consumers?ethical decision-making[J]. Journal of business ethics, 69(3): 269-288.

STEVENS B, 2008. Corporate ethical codes: effective instruments for influencing behavior[J]. Journal of business ethics, 78(4): 601-609.

SUPPLY MANAGEMENT, 2017. Supply chain fraud high despite analytics use, survey shows[EB/OL]. (11-28)[2024-09-04]. https://www.supplychainbrain.com/articles/27221-supply-chain-fraud-high-despite-analytics-use-survey-shows#:~:text=Levels%20of%20supply%20chain%20fraud%20remain%20high%20despite.

TAFJEL H, TURNER J C, 2004. The social identity theory of intergroup behavior[M]//JOST J T, SIDANIUS J.Political psychology: key reading. New York: Psychology Press: 276-293.

TENBRUNSEL A E, DIEKMANN K A, WADE-BENZONI K A, et al., 2010. The ethical mirage : a temporal explanation as to why we are not as ethical as we think we are[J]. Research in organizational behavior, 30(0): 153-173.

TENBRUNSEL A E, MESSICK D M, 1999. Sanctioning systems, decision frames, and cooperation[J]. Administrative science quarterly, 44(4): 684-707.

TENBRUNSEL A E, SMITH-CROWE K, 2008. Ethical decision making: where we've been and where we're going[J]. The academy of management annals, 2(1): 545-607.

TENBRUNSEL A E, SMITH-CROWE K, UMPHRESS E E, 2003. Building houses on rocks: the role of the ethical infrastructure in organizations[J]. Social justice research, 16(3): 285-307.

TETLOCK P E, KRISTEL O V, ELSON S B, et al., 2000. The psychology of the unthinkable: taboo trade-offs, forbidden base rates, and heretical counterfactuals[J]. Journal of personality and social psychology, 78(5): 853-870.

THAU S, DERFLER-ROZIN R, PITESA M, et al., 2015. Unethical for the sake of the group: risk of social exclusion and pro-group unethical behavior[J]. Journal of applied psychology, 100(1): 98-113.

THONG J Y L, YAP C-S, 1998. Testing an ethical decision-making theory : the case of softlifting[J]. Journal of management information systems, 15(1): 213-237.

TREVIÑO L K, BROWN M, HARTMAN L P, 2003. A qualitative investigation of perceived executive ethical leadership: perceptions from inside and outside the executive suite[J]. Human relations, 56(1): 5-37.

TREVIÑO L K, 1986. Ethical decision making in organizations: a person-situation interactionist model[J]. The academy of management review, 11(3): 601-617.

TREVIÑO L K, WEAVER G R, GIBSON D G, et al., 1999. Managing ethics and legal compliance: what works and what hurts[J]. California management review, 41(2): 131-151.

TSUI A S, PEARCE J L, PORTER L W, et al., 1997. Alternative approaches to the employee-organization relationship: does investment in employees pay off?[J]. The academy of management journal, 40(5): 1089-1121.

UMPHRESS E E, BINGHAM J B, 2011. When employees do bad things for good reasons: examining unethical pro-organizational behaviors[J]. Organization science, 22(3): 621-640.

UMPHRESS E E, BINGHAM J B, MITCHELL M S, 2010. Unethical behavior in the name of the company: the moderating effect of organizational identification and positive reciprocity beliefs on unethical pro-organizational behavior[J]. Journal of applied psychology, 95(4): 769-780.

VALENTINE S R, BATEMAN C R, 2011. The impact of ethical ideologies, moral intensity, and social context on sales-based ethical reasoning[J]. Journal of business ethics, 102(1): 155-168.

VAN MARREWIJK M, 2003. Concepts and definitions of CSR and corporate sustainability: between agency and communion[J]. Journal of business ethics, 44(2): 95-105.

VICTOR B, CULLEN J B, 1988. The organizational bases of ethical work climates[J]. Administrative science quarterly, 33(1): 101-125.

VINCENT L C, EMICH K J, GONCALO J A, 2013. Stretching the moral gray zone: positive affect, moral disengagement, and dishonesty[J]. Psychological science, 24(4): 595-599.

VOTAW D, 1972. Genius becomes rare: a comment on the doctrine of social responsibility pt. I[J]. California management review, 15(2): 25-31.

WANG L, MURNIGHAN J K, 2017. How much does honesty cost? Small bonuses can motivate ethical behavior[J]. Management science, 63(9): 2903-2914.

WEAVER G R, TREVIÑO L K, 1999. Compliance and values oriented ethics programs: influences on employees' attitudes and behavior[J]. Business ethics quarterly, 9(2): 315-335.

WELSH D T, ORDÓÑEZ L D, SNYDER D G, et al., 2015. The slippery slope: how small ethical transgressions pave the way for larger future transgressions[J]. Journal of applied psychology, 100(1): 114-127.

WILHELM M M, BLOME C, BHAKOO V, et al., 2016. Sustainability in multi-tier supply chains: understanding the double agency role of the first-tier supplier[J]. Journal of operations management, 410: 42-60.

WILTERMUTH S S, 2011. Cheating more when the spoils are split[J]. Organizational behavior and human decision processes, 115(2): 157-168.

WOOLDRIDGE J M, 2005. Simple solutions to the initial conditions problem in dynamic, nonlinear panel data models with unobserved heterogeneity[J]. Journal of applied econometrics, 20(1): 39-54.

WU Z, PAGELL M, 2011. Balancing priorities: decision-making in sustainable supply chain management[J]. Journal of operations management, 29(6): 577-590.

ZAJAC E J, WESTPHAL J D, 1994. The costs and benefits of managerial incentives and monitoring in large U. S. corporations: when is more not better?[J]. Strategic management journal, 15(Special Issue: competitive organizational behavior): 121-142.

ZAJONC R B, 1968. Attitudinal effects of mere exposure[J]. Journal of personality and social psychology, 9(2): 1-27.

ZAJONC R B, MARKUS H, WILSON W R, 1974. Exposure effects and associative learning[J]. Journal of experimental social psychology, 10(3): 248-263.

ZHAN J, LI S, CHEN X, 2018. The impact of financing mechanism on supply chain sustainability and efficiency[J]. Journal of cleaner production, 205(0): 407-418.

ZHANG J, CHIU R, WEI L, 2009. Decision-making process of internal whistleblowing behavior in China: empirical evidence and implications[J]. Journal of business ethics, 88(1): 25-41.

ZIIU Q, SARKIS J, 2004. Relationships between operational practices and performance among early adopters of green supply chain management practices in Chinese manufacturing enterprises[J]. Journal of operations management, 22(3): 265-289.

ZHU Q, ZOU F, ZHANG P, 2019. The role of innovation for performance improvement through corporate social responsibility practices among small and medium-sized suppliers in China[J]. Corporate social responsibility and environmental management, 26(2): 341-350.